スカイスクレイパーズ
世界の高層建築の挑戦

SKYSCRAPERS
Challenge of Tall Buildings
in the World

小林克弘｜永田明寛＋
鳥海基樹＋木下 央
編著

Architects:
Norman Foster
Frank O. Gehry
Zaha Hadid
KPF
C.Y. Lee
Daniel Libeskind
Jean Nouvel
OMA
P&T Group
I.M.Pei
Cesar Pelli
Renzo Piano
SOM
Rafael Viñoly
etc.,

鹿島出版会

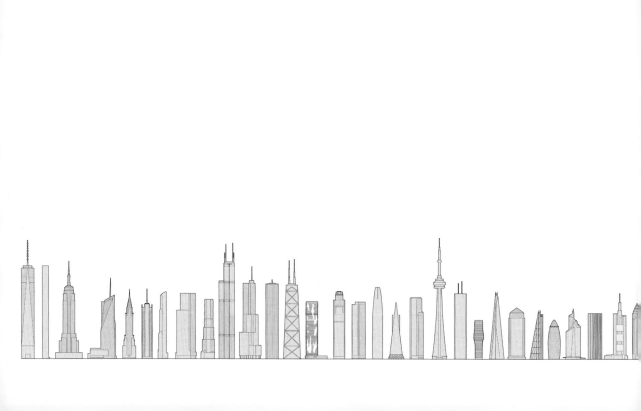

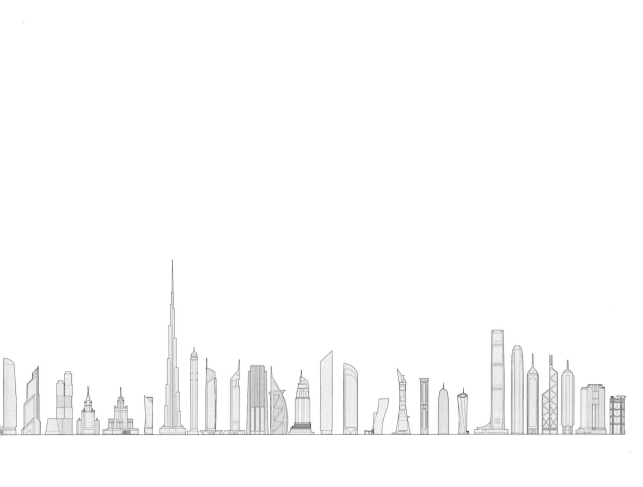

目次

序 — 6

I. スカイスクレイパーの多彩な表情 — 8

II. 高層建築をめぐる論考 — 17
    高層建築デザインの発展史 — 18
    ランドスクレイパーズ―超高層を超構想するプロジェクト都市計画へ — 29
    高層建築における環境配慮 — 33
    高層建築形態のタイポロジー — 37

III. 世界の都市と高層建築 — 41
北米
    ニューヨーク…高層文明の冒険と歴史が堆積する都市 — 42
    シカゴ…モダニズムの精神が満ちる高層都市 — 50
    ロサンゼルス…スプロール都市の高層ダウンタウン — 56
    サンフランシスコ…近年の再開発で高層化が再燃 — 57
    シアトル…緩い傾斜地の高層群が生む重層的光景 — 59
    トロント…箱型高層からの脱却が進む — 60

ヨーロッパ
    ロンドン…ニュー・レイバーとスカイスクレイパー — 66
    パリ…法隆寺西院をフランスに見る — 70
    フランクフルト・アム・マイン…旧市街に高層を建て続ける、西ヨーロッパ唯一の都市 — 74
    モスクワ…変貌する大国の映し鏡としての高層 — 78
    ワルシャワ…激動の歴史の末に生まれた、のどかな高層景観 — 84

中東
    ドバイ…世界一の高さと圧巻の景観を誇る都市 — 86
    アブダビ…マスタープランに基づく急激な高層化 — 92
    ドーハ…曲面を用いた彫刻造形の実験場 — 96

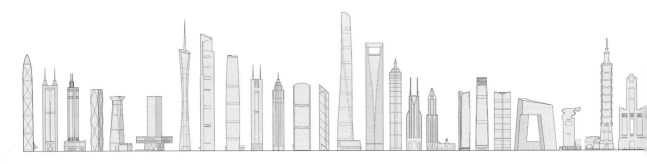

東アジア
　香港…高層建築群が奏でるシンフォニー ─ 102
　深圳…継続する高さへの挑戦 ─ 108
　広州…シンメトリックに配された高層建築群 ─ 112
　上海…中国のスカイスクレイパー・ショーケース ─ 118
　北京…多彩なスカイスクレイパー群の競演 ─ 124
　台湾…眩惑のアジアン・ポストモダン ─ 128
　韓国…都市や地区で異なる多彩な高層活用法 ─ 134

東南アジア
　シンガポール…東南アジアを牽引する高層都市 ─ 140
　クアラルンプール…伝統が息づく国際都市 ─ 146
　ベトナム…建設ラッシュを迎える2大都市の共演 ─ 150
　バンコク…新旧街並みの混在が生む二面性 ─ 154
　ジャカルタ…都市発展に伴い加速する高層建設 ─ 158

Ⅳ. 三つの視点からの考察 ─ 161
　1. 高層建築の建築家たち ─ 162
　2. 高層建築と展望台 ─ 166
　3. 立面・平面比較 ─ 168

図版・写真出典 ─ 184
執筆分担者リスト・調査年月 ─ 185
あとがき ─ 186

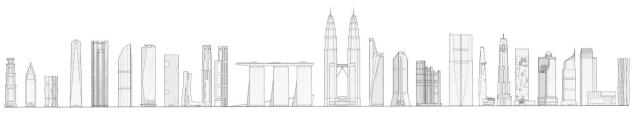

「あなたがたの能力以上のことを望むな。能力以上のことを望む者たちには、邪悪な欺瞞がやどる。特に、かれらが巨大なことを望むときに、そうだ。」──フリードリヒ・ウィルヘルム・ニーチェ、『ツァラトゥストラ』（手塚富雄訳、世界の名著46ニーチェ、中央公論社、1966年）

「（ライトが1956年に発表した1マイル＝約1609mの高さをもつマイル・ハイ計画に関して）今はだれもそれを建てる余裕はあるまい。しかし将来、だれもそれを建てないではいられなくなろう。これこそが、アメリカの都市における高層建築の未来像なのである。マンハッタンをセントラル・パークのような緑地にならしてしまい、そこにこうした高層建築を、間隔をおいて数本建ててみよう。そうすると我々は、都市での活動、都市での生活によって得られる望ましいにぎわいを保持しつつ、かつ樹木、野原、公園、せせらぎに囲まれることになるのだ。」
──フランク・ロイド・ライト（ブルース・ブルックス・ファイファー著、二川幸夫編・撮影、小林克弘他訳、フランク・ロイド・ライト全集　モノグラフ1951-59, A.D.A.EDITA TOKYO, 1988年）

序

スカイスクレイパー：人類の知恵と能力を、人間の欲望と虚栄が後押しする

　高層建築は人類の知恵と能力が生み出した産物である。それは、20世紀前半にはアメリカの都市に固有の現象であったが、20世紀後半にはヨーロッパや日本を含むアジアの先進都市に広がった。そして、20世紀末からの20年間に、アジアと中東の主要都市での膨大な建設ラッシュによって、都市の光景を一変させた。建設の主舞台がアジアと中東に移ったというものの、ニューヨークでは、2014年にワールドトレード・センターの再建の主要部が完成し、あるいは、ロンドン、モスクワなどでは高層建築建設が再燃するなど、欧米主要都市でも、高層建築は存在感を一段と増している。

　高さにおいても、2010年にはアラブ首長国連邦・ドバイのブルジュ・ハリファが828mという人類未踏の高さに達した。それにとどまらず、サウジアラビアのジッダでは1000mを超える高層建築（162頁）が建設中である。近年、高層建築という人類の叡智の産物は、人間の高さへの欲望と虚栄心に後押しされて、「スカイスクレイパー＝摩天楼」というロマンティックな響きを超える、驚異的な高さを実現しつつある。こうした願望と探求の限界や到達点はどこにあるのだろうか。人類はフランク・ロイド・ライトの夢想に向かっているのだろうか。

本書の目的：高層建築の実態と高層都市の姿を、現地調査を通じて浮かび上がらせる

　本書は、世界の高層建築の現状と著名な事例を解説し、変貌しつつある世界の諸都市の光景を紹介することを目的とする。合わせて、高層建築とデザイン・都市計画・環境配慮に関する論考と分析を行うことで、読者の方々に高層建築に対し広い視野から理解を深めていただくことを目指している。高層建築を単体で取り上げた作品集、

地域や都市を限定した高層建築事例集などは出版されているが、世界の高層建築と都市を、現地調査に基づきつつ、広い視野から俯瞰した出版物は稀有であり、そこに本書の価値がある。

こうした目的を達成するためには、当然ながら世界各地での現地調査が必要であった。2011年秋から3年間に10回以上の海外調査を通じて、世界の20か国36都市において1000棟を超える高層建築事例の調査を実施した。紙面の制約上、その約3分の1を掲載できたにすぎず、すべてを掲載できないことが残念である。また、世界の高層都市のすべてを調査できたわけではないが、調査を行ったうちの主要都市の動向や重要な高層建築を紹介することはできたと思う。なお、現地調査に際しては、編著者4名を中心としつつ、編著者が所属する首都大学東京大学院都市環境科学研究科建築学域博士前期課程（修士課程）において、2012～2013年度に「21世紀のスカイスクレイパーとビジネス・ディストリクト」をテーマとする分野横断型の研究コースを立ち上げ、そのコースに所属する4名の博士前期課程学生さらに編著者それぞれの研究室に所属する学生が参加することで、短期間に集中的な現地調査を実施した。

本書の構成：ヴィジュアルな紹介、論考、比較考察のための資料を織り交ぜた

本書は、4部で構成されている。I部では、近年の高層建築の様々な建築表現を写真で紹介した。II部では、4名の編著者が、それぞれの専門分野の視点から論考を著わし、読者の方々に高層建築を様々な視点から理解していただくための一助とした。III部では、17か国31都市を対象として、高層建築の実態と都市の状況を考察した。IV部では、三つの視点・切り口から、高層建築を考察した。特に、107の高層建築の立面略図と主要作品の平面図を並べて掲載することで、写真だけではとらえきれない形やプロポーション、高さの比較など多面的な考察ができるようにし、資料性を高める努力を払った。

各原稿は、編著者および調査参加者が分担執筆し、執筆分担者名は、各原稿ごとにイニシャルを記載し、巻末において氏名を明記した。次々に新しい高層建築が建設されるため、3年間の最初の頃に調査を行った都市ではすでに新しい高層建築が建ち、都市の風景も変化している場合もある。執筆に際しては、現地調査研究結果に加えて、最新情報の補強を行ったが、どうしても若干年のタイムラグが生じてしまうことは避けられなかった。巻末に調査時期を掲載することで、そのタイムラグを具体的にご理解いただけるように配慮した。

本書が、高層建築の魅力を伝えつつ、高層の長所と欠点や今後の都市のあり方を考える上での一助とならんことを切に期待している。高層建築が人類の能力の表現なのか、欺瞞・虚栄・欲望の表現になりつつあるのか、人類はライトの夢に向かって進んでいるのか―冒頭のニーチェの警鐘やライトの理想を熟考すべき時にきている。

　　　　編著者　小林克弘、永田明寛、鳥海基樹、木下央

謝辞

3年間に10回以上の高層建築に関する海外現地調査を行うに際しては、学内外から研究助成金や研究補助金をいただいた。首都大学東京アジア高度研究（2013年度～）、首都大学東京 傾斜的研究費（全学分）学長裁量枠 戦略的研究プロジェクト支援 戦略的研究支援枠（2014年度）、一般財団法人 第一生命財団（旧、一般財団法人 都市のしくみとくらし研究所、平成24年度研究助成）、公益財団法人 LIXIL住生活財団（平成25年度研究助成）に対し、感謝申し上げたい。

I. スカイスクレイパーの多彩な表情

ニューヨーク｜8スプルース・ストリート
New York/8 Spruce Street
（2011年、フランク・O.ゲーリー設計、265ｍ、45頁参照）

ニューヨーク｜ワン・ワールドトレード・センター
New York/One World Trade Center
（2014年、SOM設計、541m、44頁参照）

ロンドン｜ザ・シャード
London/The Shard
（2013年、レンゾ・ピアノ設計、306m、29、66頁参照）

ウィーン郊外｜DCタワー1
Wien/DC Tower 1
（2013年、ドミニク・ペロー設計、220ｍ）

バルセロナ｜トーレ・アグバール
Barcelona/Torre Agbar
（2005年、ジャン・ヌーベル設計、144m）

マドリード｜クアトロ・トーレス・ビジネス・エリア
Madrid/Cuatro Torres Business Area

（2008年、設計者は左から、ノーマン・フォスター、ヘンリー・N.コブ、シーザー・ペリ、カルロス・ルビオ・カルバヤル他）
マドリードの北端に立地するビジネス地区の4棟の高層。224mから250mという高さは、スペインで最も高い。

マルセイユ｜CMA CGM本社ビル
Marseille/CMA CGM Headquarters
（2010年、ザハ・ハディド設計、143m、31頁参照）

スウェーデン・マルメ｜ターニング・トルソ
Malmo, Sweden/Turning Torso
（2005年、サンチアゴ・カラトラヴァ設計、
193m、29頁参照）
平面上、最上階が1階から90度分回転する。
ねじれた高層建築の初期の例。
北欧で最も高い。

ドバイ｜ブルジュ・ハリファ
Dubai/Burj Khalifa
（2010年、SOM設計、828m、87頁参照）
手前の人工池では、音楽に伴う噴水ショーが行われ、その際にブルジュ・ハリファのライティングも動きをもって変化する。

II. 高層建築をめぐる論考

高層建築デザインの発展史

小林克弘

1. はじめに

高層建築は、19世紀末に誕生してから150年も経っていないが、今や世界の諸都市に不可欠な存在となっている。特に、21世紀になって、その高さ、建設量、世界への拡散は、驚異的である。本稿では、高層建築の成立から現在に至るまでの発展を、特にデザイン面に焦点を当てて整理したい。とかく、高層建築の近年の動向の激しさに目を奪われがちであるが、高層建築を考えるには、その発展史を理解しておくことが肝心であろう。[注1]

2. 高層建築の誕生

高層建築の3要素

近代の高層建築は、高さ、エレベーター、耐火性を有する鉄骨骨組構造という三つの要素を兼ね備えた建築物を定義することができる。これらの要素のうち、高さは相対的な基準である。というのは、ある建築物が完成したときに、それが十分な高さを有しているか否かは、完成当時の他の建物と比較して際立って高いかどうかが、大きな判断基準となるからである。他方、エレベーターと耐火鉄骨骨組構造は、様々な技術的革新を伴いながら、使用可能な技術となることを目指して開拓されてきた要素である。これら三つの要素を兼ね備えた高層建築群が誕生するのは、1880年代のシカゴにおいてであり、それらはシカゴ派の高層建築と呼ばれる。それ以前に、三つの要素は、1850年頃から個別に開発され始める。

1850年頃には、物搬用の蒸気エンジン式リフトが普及しつつあったが、これは安全性に関してはいまだ満足のいくものではなかった。最初の安全な乗客用エレベーターは、イライシャ・グレイヴス・オーティスという人物によって、1852年に開発される。オーティスは、従来の蒸気エンジン式の物搬用リフトに手を加え、引上げロープが切れた場合に、乗客用カゴから両脇のガイドレールに対しツメのようなものが出て、カゴが急停止するという方式を考案した。この乗客用エレベーターは、1852年にニューヨークで開催された万国博覧会で早々と公開され、と同時に博覧会場に隣接して建てられたラティング塔[図1]という展望塔で実際に使用された。博覧会場では、オーティスが自らエレベーターに乗り込み引上げ網を切らせ、エレベーターが自動的に急停止することを実地宣伝したといわれる。オーティスの発明した乗客用エレベーターは、発明の数年後に実用化された。

1870年には、約40mという高さと、乗客用エレベーターを備えたエキタブル生命保険ビル[図2]（ギルマン＆ケンダルおよびジョージ・B.ポスト設計、ニューヨーク）が完成する。これは、『摩天楼史の新たな視点』を著したアメリカの建築史家ウィンストン・ワイズマンが、最初の摩天楼と称した建築である[注2]。ワイズマンによれば、その理由は、40mという高さが当時一般的であった5階建て程度の建物に比べて倍近い高さであること、エレベーターの長所を最大限に利用して上階まで良質な事務所空間として高層建築の経済的利点を引き出した最初の建築であること、であった。しかしながら、デザイン的には、エキタブル・ビルは、高層建築固有の美学的問題に踏み込むことなく、通常の古典主義的造形にマンサール屋根をのせて高さを増すという手法を取っている。

その5年後には、トリビューン・ビル[図3]（1875年、リチャード・モリス・ハント設計、ニューヨーク）という、約80mの高さを誇り、客用エレベーターを備えた建築が完成している。これは、鉄骨骨組構造という点を除いて、確実に高層建築と呼ぶに値する特色を備えている。建物本体のプロポーション自体が縦長となり、さらに柱型の強調、塔部の付加などによって、高層建築に特有な垂直性を強調しようという意志が感じられる。1875年の時点で、先駆的高層建築は、こうした状態にまで達していた。

図1 1852年開催のニューヨーク万国博覧会とラティング塔（左）

図2 エキタブル生命保険ビル

図3 トリビューン・ビル

図4 第一ライター・ビル

シカゴ派の高層建築

ニューヨークよりはるかに若い都市シカゴは、1871年の大火によって市街地の大半を焼失するという惨事に見舞われた。大火後に大量の都市建築の再建が必要となったが、当時の経済成長が市街地の高密度利用を促進したこと、シカゴはニューヨークのように伝統的建築様式を重視するという文化的成熟を果たしていなかったことなどの事情が基となって、より実用的かつ合理的な高層建築が生み出されることになる。しかも大火によって、鋳鉄構造建築のように耐火被覆をもたないものは火事に弱いという事実が、身にしみて体験されており、それゆえに耐火性能を備えた鉄骨構造が探究されたのである。シカゴ派の建築家の中で大火直後の再建時代から主導的役割を果たすのは、ウィリアム・ル・バロン・ジェンニー（1832-1907年）という人物である。ジェンニーはパリで教育を受けた優れた技術者でもあり、より若い世代の建築家の多くは彼の事務所で実務を学んだ。1880年代になって、本格化した再建活動を担う建築家たちは、ジョン・W.ルート（生年不詳-1891年）、ダニエル・H.バーナム（1846-1912年）、ダンクマール・アドラー（1844-1900年）、ルイス・サリヴァン（1856-1924年）といった顔触れであるが、彼らの大半はジェンニーの下で修業をし、30歳台の若さでシカゴの再建、そして高層建築という新たなビルディング・タイプの確立に挑んだ。

1880年代、90年代のシカゴでは、かくして、大量の高層建築が建設されることになるが、そこでの成果は大きく二つの点に要約することができる。一つは、高層建築の3要素のうち、いまだ開拓されていなかった耐火性能を有する鉄骨骨組構造の基本を確立したことである。他は、その新構造方式を用いてさらに高くなる高層建築に対して、それまでの様式主義とは異なる、新たな建築表現、新たな美学的表現を発見しようと試みたことである。

新構造方式の開拓に関しては、ジェンニーの第一ライター・ビル［図4］（1879年）は、その第一歩であった。それまでは、内部に鉄骨構造を用いていても、建物外周では、通常外壁の組積造ピアが大梁を支えていたのだが、ジェンニーはピアを細くするために、ピアの内側に鋳鉄柱を建てて大梁を支え、これにより組積造ピアは自重を支えるのみの存在となったのである。さらに、ホーム・インシュアランス・ビル［図5］（1885年）において、ジェンニーは、組積造ピアをも鉄骨骨組によって支えることで、ピアを耐力機能のない、単なる構造体の耐火被覆として扱い、第二ライター・ビル［図6］（1890年）においては、外壁をより軽いスクリーンのようなものとして扱った。同時に、鉄骨骨組を組積材によって完全に耐火被覆するという耐火鉄骨骨組構造を完成させた。ここにおいて、高層建築の3要素はすべて出揃ったのである。

高層の美学の探求

シカゴ派の高層建築の第二の成果は、こうした技術的革新を伴って高層化していく建築にいかなる美学的表現を与えるかという点に関して、優れた建築的努力を払ったことである。この美学的革新は、初期近代建築の大きな成果の一つとなる。

この高層建築の表現をめぐる美学的革新は、いくつかに類型化することができる。第一のタイプは、十数階に渡って積層する層を、何層かずつにグルーピングして、単調になりがちな立面に秩序立った表現を与えようとする試みである。ジェンニーのホーム・インシュアランス・ビルの立面はその好例でもあった。しかしながら、この手法を用いた場合、今度はいくつかにグルーピングされたまとまりに対し、いかなる関係をもたせるかという問題が生じてくる。この問題に対し明快な解答を提出したのは、シカゴの建築家ではなく、当時のアメリカ建築界の巨人ヘンリー・ホブソン・リチャードソン（1838-86年）であった。シカゴに建てられたリチャードソンのマーシャル・フィールド・ホールセール・ストア［図7］（1887年）は、組積造を主体に建てられたが、8階を四つの大きな層にグルーピングしつつ、アーチを用いて上方に向かって連続的に変化させるという新たな手法によって、立面を有機的統一体として扱った。当時オーディトリアム・ビル［図8］（1889年、シカゴ）の設計を行ってい

図5 ホーム・インシュアランス・ビル

図6 第二ライター・ビル

図7 マーシャル・フィールド・ホールセール・ストア

図8 オーディトリアム・ビル

たルイス・サリヴァンはリチャードソンの作品の力強さに感銘を受け、オーディトリアム・ビルでも同様な手法を採用することになる。

第二のタイプは、特にベイ・ウィンドウなどを用いて、軽快でかつリズム感に満ちた外観を生み出そうとする傾向である。16階建てのモナドノック・ビル［図9］（1891年、バーナム&ルート設計）は最終的には組積造主体に建てられたため、外壁はカーテンウォールではないが、垂直に連なるベイ・ウィンドウの帯は、壁の重厚さと好対照をなし独特の表情を生み出している。他方、リライアンス・ビル［図10］（現バーナム・ホテル、1895年、D.H.バーナム&カンパニー設計）は、外壁がカーテンウォールであることの利点を活かして、ベイ・ウィンドウによる軽快な建築表現をつくり上げた。特に後者は、立面全体が、繊細なカゴのような印象すら与える、美しい表現にまで高められている。

第三のタイプは、立面全体を基壇部、中間部、頂部という垂直三部構成にまとめるというもので、高層建築の表現の古典的完成とでも呼ぶべき手法である。この手法は、ルイス・サリヴァンが、ウェインライト・ビル（1891年、ミズーリ州セントルイス）とギャランティ・ビル［図11］（1895年、ニューヨーク州バッファロー）という、シカゴの外で建てた二つの作品において完成したものであり、その後の高層建築の一つの定型となった。サリヴァンは、オーディトリアム・ビルにおいては、リチャードソンの影響の下に、階をいくつかごとにグルーピングする手法を採用したが、さらに高層化した建物に対しては、全体を何層かにグルーピングするより、中間部に強い垂直性を与えつつ全体を3部に整理することこそが、より有機的統一体をつくり出すことに通じると考えたのであった。

第四のグループは、鉄骨骨組自体をより素直に表現した外壁をもつ。同じく、ルイス・サリヴァンによるカーソン・ピリー・スコット百貨店［図12］（1899年、シカゴ）は、その典型的な例である。この建築表現は、シカゴ派の高層建築の様々な試みの最終段階で現れたが、その後高層建築のデザインの大きな流れがニューヨークを中心とする、より様式主義的色彩の強いものとなっていくため、とりあえずは十全たる展開を見せずに終わる。しかしながら、約半世紀後、モダニズムの高層建築が主流となるに及んで、こうした構造体の実直かつ抽象的な表現は、モダニズムの先駆として高い評価を受けることになる。

19世紀が幕を閉じる頃には、高層建築の基本的な技術はすでに確立され、その建築表現の古典的完成も達成された。そして、高層建築は、近代都市に必要不可欠な存在となりつつあった。

3. シンボル・タワーと化した高層建築
第一次高層化

シカゴ派の高層建築における耐火鉄骨組構造を始めとする様々な技術革新は、その後の高層建築の基礎となったが、その美学革新の方は、必ずしもその後の高層建築表現では継承されなかった。というのも、19世紀末から今世紀初頭にかけてのアメリカでは、パリのエコール・デ・ボザールで学んだ建築家たちによる様式主義建築が主流となっていき、シカゴ派の美学的実験が広くは受け入れられなくなるのである。

今世紀に入って、都市の高密度利用が今まで以上に避け難いものとなり、さらなる高層化が求められたとき、高層建築がもっているランドマーク的性格も強く認識されるようになる。20世紀初頭の十数年は、ニューヨークにおいて、高層建築が歴史的様式を身にまとったシンボル・タワーとして認識され、建設される時期であった。そして高層建築の高さが数年ごとに飛躍的に高くなるという、第一次高層化とでも呼ぶべき現象が生じた。1903年に完成したフラットアイロン・ビル［図13］（ダニエル・H.バーナム設計）は、高さではシカゴ派の高層建築を大きく抜き去っているわけではないが、その三角形平面に基づく独特の外観および広場に面し遠望されるという立地条件の利点などによって、高層建築がもつランドマーク的性格、シンボル・タワーとしての表現力を世に知らしめたのであった。

1908年に完成したシンガー・ビル［図14］（アーネスト・

図9 モナドノック・ビル

図10 リライアンス・ビル（現バーナム・ホテル）

図11 ギャランティ・ビル

図12 カーソン・ピリー・スコット百貨店

フラッグ設計、1960年代に取り壊し）は、突然160mの高さにまで建ち上がり、これにより高層建築の高さは、一挙にそれまでの倍近くにまで達した。しかしながら、デザイン的に見るとこの作品は、基壇部と塔部が有機的整合性なしに組み合わされており、要はこれだけの高さに対しての美学的解決策はいまだ発見されていなかったことを示している。

シンガー・ビルの圧倒的な高さも、翌年には200mを超えるメトロポリタン・ライフ・タワー［図15］（ナポレオン・ル・ブラン設計）によってあっけなく凌駕されることになる。これは、ヴェニスのサン・マルコ広場に建つ塔を参照しつつ、文字通り完全に塔状の高層建築となっている。そして、1913年には、第一次高層化のフィナーレを飾るにふさわしいモニュメント、ウールワース・ビル［図16］（キャス・ギルバート設計）が完成した。その約241mという圧倒的な高さは、1930年までは建築として世界一であり続けた。高さに加えて、ゴシック様式を採用したことが、高層建築のデザインの発展に大きく寄与した。ゴシック的細部がもたらす上昇感、全体の有機的統一感は、高層建築が圧倒的な高さに達した際にも有効であることを、ウールワース・ビルは示したのである。

ニューヨーク・ゾーニング法

ニューヨークにおいて高層化が顕著になるにつれて、一つの問題が認識され始める。それは、高層建築が密集して建てられた場合に、街路上および建物の低層部において陽光および新鮮な空気を得ることが困難になるという事態をいかに解決するかということであった。

この問題に注目し、かつ論理的な対策を論じた最初の人物は、高層建築の生みの親の一人でもあるルイス・サリヴァン自身であった。彼は、1891年に発表した「高層建築問題」と題する小論の中でセットバックを用いた高層建築規制案を論じ、それをオド・フェロウズ・テンプル［図17］と題する具体的な提案にまとめている[注3]。またシンガー・ビルの設計者であるアーネスト・フラッグは、「ニューヨークにおける建物の高さと面積の制限」[注4]と題する小論を1908年に著し、その中で、敷地4分の3の部分に対しては、そこに建つ建物の高さが前面道路の幅員の1.5倍を超えぬよう規制し、敷地の残りの4分の1に対して高層化を認めるといった提案を行っている。シンガー・ビルは、こうした提案の具現化だったのであり、ツールワース・ビルもまた、低層部と塔部の組合せを、根底においては踏襲していた。

こうした良心的な建築家たちの一連の議論は、ただちに実を結んだわけではないが、1910年頃の圧倒的な高層化ブームはニューヨーク市当局をして、条例による高層建築規制の必要性を痛感せしめることになり、1913年から、この条例化をめぐって、市の具体的作業が始まった。そして、この作業が進められつつある1915年に、それまでの高層建築のいずれにもまして、脅威をかきたてるような建築が出現した。この新エキタブル生命保険ビル［図18］（1915年、アーネスト・グレアム設計、ニューヨーク）は、約50×90mの敷地一杯に、36階、約165mの高さまで圧倒的なヴォリュームとなって立ちはだかったのである。この建物の出現は、ニューヨーク市当局をして、規制法案の作成を急がせることになる。かくして、1916年ニューヨーク・ゾーニング法という世界初の高層建築規制法が発布された。[注5]

ゾーニング法は、高層建築の規制以外にも用途地区指定など様々な内容を含む条例であった。高層建築の規制に関していえば、それは原則的に道路斜線制限の考え方を基本としていた。しかしながら、単純な道路斜線では、高層建築そのものが建ちにくくなってしまう。そこで法は、二つの緩和を認めていた。一つは、ドーマー窓のように、斜線から部分的に突出する要素をある程度まで認めるという緩和である。これにより、低層部の造形は大きな自由度を確保できたのである。もう一つは、高層建築にとってより重要なことであるが、敷地面積の4分の1の部分に対しては、斜線を超えて塔状の高層棟を建ててよいとする緩和が認められたのであった。その塔の位置についても、多少の制約はあるものの、かなり自由で

図13 フラットアイロン・ビル

図14 シンガー・ビル

図15 メトロポリタン・ライフ・タワー

図16 ウールワース・ビル

図17 オド・フェロウズ・テンプル

図18 新エキタブル生命保険ビル

あったといってよい。

　ゾーニング法の発布によって、高層建築の造形では、道路斜線が要求するセットバック、そしてドーマー状の突出および塔という三つの要素を法の許す範囲内でいかに組み合わせるかが重要なテーマになった。しかしながら、ゾーニン法の形態規制によって、どのようなヴォリュームの高層建築が生み出されるかは、法の発布当時は誰も正確には把握してはいなかった。そこで、第一次世界大戦後の建設活動が始まる1920年頃になると、ゾーニング法のもたらす効果、ゾーニング法の下における新たな高層建築の姿に関して様々な検討がなされることになる。そうした検討の中で最も有名なのが、ヒュー・フェリス（1889-1962年）による4枚のドローイング［図19］である。フェリスは建築家というより、建築や都市を題材にドローイングを描く画家のような存在であったが、その神秘的にして重厚な作風は当時高い評価を得ていた。彼は、1922年3月19日のニューヨーク・タイムズ紙上の「新しい建築」と題する小論において、ゾーニング法下における高層建築の造形を4段階に分けて明快かつ論理的に図解した[注6]。それらは、まず法の斜線が課す、いわゆる「鳥カゴ」状態、光庭の切り込みを入れた状態、斜めの面を垂直な壁面に置き換えた状態を経て、最終的に建築物として外形が造形された状態を描き出している。そしてフェリスは同じ記事の中で「1942年のニューヨークの想像的光景－ゾーニング法の効果を示す」［図20］と題する、新しい高層建築群が建ち並ぶ未来のニューヨークの姿を描き出した。

　ゾーニング法によって、高層建築は新たな時代を迎えた。来るべき高層建築の姿、それが生み出す新たなニューヨークの光景は、まずフェリスのドローイングの中で描き出され、十数年後には、現実のものになっていく。

アールデコの高層建築

　第一次世界大戦後の1920年代は、アメリカの大繁栄の時期であった。疲労したヨーロッパの中から合理性、抽象性の強いモダニズムの発想が確立されることとは対比的に、アメリカでは華やかなアールデコの高層建築が咲き誇る。ただし、1929年にニューヨーク株式市場の崩壊が勃発し、1920年代のバブル経済は一挙に終焉して、1930年代の大恐慌へと突き進んでいくのであるから、大繁栄はわずか10年しか続かなかった。

　しかしながら、この時期、驚異的な高層建設ブームが生じ、無数のアールデコ様式の高層建築が誕生した。それは、ニューヨークの都市光景を一挙に変えてしまうほどの勢いをもっていた［図21］。これらの高層建築は、基本的にはゾーニング法による形態規制に基づいた新しいタイプの高層建築であった。その表層を飾る装飾のモードは、1920年代前半は様式主義を引きずり、後半には1925年のパリ万国博で結晶化する、いわゆるアールデコを採用し、1930年前後には、抽象的形態や水平性の強調を備えた「インターナショナル・スタイル」へと急速に変化していくのである。

　1920年代初頭の数年間、小規模な実作における試行錯誤などを伴いつつ、ゾーニンク法下における新たな高層建築の姿が模索された。そして、1924、25年頃になると、新たな高層建築が、かなりの規模を伴って姿を現し始める。シェルトン・ホテル［図22］（1924年、アーサー・ルーミス・ハーモン設計）は、細部において北方イタリア・ロマネスク調の装飾を用いるという様式主義的傾向を残してはいるが、その外観全体を支配するセットバックのヴォリュームの迫力、平坦な壁の力強さ、単純化された垂直性の表現などは、新たな高層建築時代の到来を告げている。また、アメリカン・ラジエター・ビル［図23］（現、ブライアントパーク・ホテル、1925年、レイモンド・フッド設計）は、ゴシック様式の細部を単純化しつつ、それを黒色のレンガと金色のテラコッタとの組合せによって美しく飾り、装飾面における新たな傾向を開示した。1926〜27年の時期に、アールデコの高層建築はさらに十全たる成果を示すことになる。ニューヨーク・テレフォン・ビル［図24］（1926年、ラルフ・T.ウォーカー設計）は、セットバックの形を巧みに造形しつつ、柱型の垂直性を強調して全体に有機的統一性を

図19　ヒュー・フェリスによるゾーニング法下における高層建築の形状のスタディ。第一段階の図

図20　ヒュー・フェリス「1942年のニューヨークの想像的光景－ゾーニング法の効果を示す」

図21　1930年頃のニューヨークのミッドタウンに建ち上がる高層建築群の光景

図22　シェルトン・ホテル

与え、随所に動植物をモチーフとした装飾を効果的にちりばめる。ここでは、ゾーニング法下における全体形の造形と、新たな装飾モードの扱いとが巧みに統合されているのである。

1928年〜1930年代初頭にかけては、大量のアールデコ高層建築が誕生した。1929年10月の株式市場崩壊以降は、大規模な高層建築が新たに計画されることは極めて稀となるので、ほとんどがそれ以前に計画されていた。これらの中には、極めて多様な作品群が含まれている。主要な例を列挙するだけでも、バベルの塔のイメージを高層建築に置き変えたメトロポリタン生命保険ビル［図25］（1933年、ハーヴェイ・ウィリー・コーベット設計）、ツウィン・タワーの高層高級アパートであるセンチュリー・アパートメント［図26］（1931年、アーウィン・S.チャーニン設計）、この時期の高層化の皮切りとなり、低層部に大胆な植物模様の装飾をもつチャーニン・ビル［図27］（1929年、スローン＆ロバートソン設計）、流線形アールデコの傑作クライスラー・ビル（1930年、ウィリアム・ヴァン・アレン設計、49頁）、フッドが「インターナショナル・スタイル」的な造形を試みたマグロウヒル・ビル［図28］（1931年）、アールデコ高層建築の最大のモニュメントであるエムパイア・ステート・ビル（1931年、シュリーヴ・ラム＆ハーモン設計、42頁）、アールデコ高層建築の集大成であるロックフェラー・センターの中央に君臨するRCAビル［図29］（現GEビル、1933年、レイモンド・フッドを中心とする協働建築家設計）といった具合になる。

第二次高層化

こうした空前の大建設ブームの中、第二次高層化と呼ぶべき現象が生じた。1929年に完成したチャーニン・ビルは高さでこそ207mで、ウールワース・ビルの241mには及ばなかったが、その56階という階数はすでにウールワース・ビルを抜いていた。そして、1930年にウォール・ストリート40番地ビルが、約282mの高さに達して、高さの点でもウールワース・ビルを大きく凌駕することとなった。その数か月後には、クライスラー・ビルが、一挙に319mの高さに達し、エッフェル塔をも抜き去って世界一の高さを獲得したのである。しかし翌年には、エムパイア・ステート・ビルが、381mという圧倒的な高さにまで建ち上がった。そして、この高さは、1974年にワールドトレード・センターができるまで、四十数年間世界一であり続ける。

こうした事態は、単に必要に応じて高層化が進んだというよりは、むしろ熾烈な高さ競争が繰り広げられた結果生じたのであった。事実、クライスラー・ビルは、設計完了時には77階建てで282mの高さと決定されていたのだが、ウォール・ストリート40番地ビルがそれより約60cm高くなってしまったために、秘かに頂部のダクト・スペースの中で尖塔を組み立てて、ウォール・ストリート40番地ビルの竣工を確認した後に、その尖塔を頂部から押し立てるといった姑息な策を弄することで世界一となった。またエムパイア・ステート・ビルも、当初は頂部の展望室はなく、85階建ての計画であったが、クライスラー・ビルが尖塔を突き立てることで、当初の計画の高さにあとわずか60cmと迫ったために、急遽頂部の展望室（当初は気球船停泊マストとして計画された）を追加した。「世界一高い建築」という称号は、それほどまでに魅力的だったのである。これは、土地の高密度利用といった合理的な理由では説明できない、いわば、高さへの欲望であり、現在でも変わることはない。

ニューヨーク以外の状況

アメリカ国内では、ニューヨークほどではないにせよ、シカゴや他の大都市で、アールデコ様式の高層建築が数多く建設された。アメリカ以外では、どうだっただろうか。ヨーロッパは、次項で見るように高層建築はいまだ構想段階であり一般的ではなかった。突発的にではあるが、当時経済繁栄を誇ったベルギーのアントワープで、KBCビル［図30］（1932年、97m）というアールデコ構想の影響を受けた建築が出現し、ヨーロッパ初の高層建築となった。また、ソヴィエト連邦においては、レーニ

図23 アメリカン・ラジエター・ビル（現、ブライアントパーク・ホテル）

図24 ニューヨーク・テレフォン・ビル

図25 メトロポリタン生命保険ビル

図26 センチュリー・アパートメント

図27 チャーニン・ビル

図28 マグロウヒル・ビル

ンの後継者ヨシフ・スターリンが、国の威信を示すため、高層建築建設の機会をうかがう。1932年にモスクワでソヴィエト宮殿の国際設計競技を開催し、その結果最優秀賞に選ばれる、ボリス・イオファンの案に基づき、段状基壇をもち、頂部では巨大なレーニン像をもつ、高層建築を構想する［図31］。高さは400mであり、明らかにエムパイア・ステート・ビルを意識した高さである。ソヴィエト宮殿は、実現することはなかったが、第二次世界大戦後に、スターリンはモスクワに7棟の高層建築を建設することになる（80-82頁）。いずれもアールデコをより復古主義的に改良したような高層であり、ニューヨークの遺産がモスクワに引き継がれるのは興味深い事実といえるだろう。

忘れてはならない他の都市は、上海と香港である。特に上海では、1920年代、30年代に外灘地区に高層建築を数多く建設した。旧サッスーン・ハウス（1929年、77m、165頁）、旧中国銀行上海ビル（1941年、77m）はその代表的な事例である。これらは、香港で設立されたパーマー＆ターナーというイギリス出身の設計事務所が手掛け、香港でも旧香港上海銀行ビル（1936年、70m、103頁）を完成させている。アメリカ以外で、1920年、30年代に多くの高層建築を建設したのは、上海と香港であったという事実は示唆的である。

4.高層建築の成熟
象徴性 vs 均質性、乱立 vs 制御

アメリカにおいてアールデコの高層建築がまさに花咲かんとする1920年代初頭に、ヨーロッパでは、高層建築を全く異なる方向へ誘導することになる一連の動きが生じていた。高層建築に限らず、建築文化全般に渡って、1920年のアメリカとヨーロッパは極めて対照的な状況にあったといってよい。両者の間には、キイとなる用語を掲げるだけでも、繁栄vs復興、消費vs生産、アールデコvsモダニズム、表現性vs合理性、象徴性vs抽象性といった対比が見られたのである。高層建築に関していうならば、当時のアメリカとヨーロッパの差異は、二つの点に要約することができる。第一点は、アメリカの高層建築が有していた象徴的な性格や特異点としての性格が、ヨーロッパでは匿名的なものへ、均質的なものへと置換されたことである。第二点は、アメリカでは高層建築は、たとえゾーニング法のような規制があったにせよ、基本的には社会経済の欲するままに乱立していくという状況だったが、ヨーロッパではむしろ計画的に高層建築を建てるという考え方が構想され始める。

第一の点に関しては、ミース・ファン・デル・ローエの鉄とガラスを用いた高層建築案が注目されねばならない。ガラスの摩天楼計画［図32］（1921年）は、鉄骨骨組構造で支えられた積層する空間を、ガラスの皮膜が包み込んでいる。皮膜が、あくまでカーテンウォールであることを強調するために、外壁には構造体はなく、キャンティレバーの床で支えられる。それらの外形は、第一次世界大戦直後のドイツで流行した表現主義的造形と無縁ではない独特の形態をもつが、重要なのは、その外形ではなく、柱のみが出現する均質な空間、それらを積層してできる均質な多層空間、皮膜であるカーテンウォールといった点であった。実際、第二次世界大戦後になって、ミースの構想が実現していくときには、単純な箱型の形態が採用されるのである。ガラスで包まれた単純なヴォリュームは、すべての高層建築に対し、均質な表現、匿名性の表現を与えるはずであった。

アメリカの建築家たちは、高層建築の外形、外壁をデザインし、そこに象徴的表現を込めようとした。また内部空間については、まだ空調設備もない時代だったので、事務所スペースはつねに外壁の窓から自然換気を行うため、奥行きの大きい内部空間をつくらないことが、計画上の常識だったのである。ちなみに、空調設備を備えた極めて初期の高層建築は、ロックフェラー・センターのRCAビルとフィラデルフィアのPSFSビル［図33］（1932年、ハウ＆レスカーズ設計）であり、エムパイア・ステート・ビルですら竣工時には空調設備を備えてはいないという状況であった。RCAビルにおいても、事務所スペースの外壁からの奥行きを、27ft（約8.2m）以内に押さ

図29 ロックフェラー・センターのRCAビル（現GEビル）

図30 KBCビル

図31 ソヴィエト宮殿（ボリス・イオファン案）

図32 ガラスの摩天楼計画

図33 PSFSビル（現ロウズ・フィラデルフィア・ホテル）

えることが平面計画上の大きな指針であったほどであるから、ミースのような均質な大空間などは、想像しにくい話であった。

第二の点、高層建築の密集した乱立状態ではなく、計画的な建設を、という主張はル・コルビュジエの「300万人のための現代都市」[図34]（1922年）の中で明確になされている。ここで、肝心な点は、高層建築のあり方そのものが問題とされているということである。つまり高層建築の利点は、土地を高密利用できるという認識に基づきつつ、ル・コルビュジエは、土地の高密利用によって建物から解放される多くの土地を公園にすることを提案した。高層建築は、そうなるべく計画的に用いられなければならない、ということである。ロックフェラー・センターは、サンクン・プラザや五番街からのプロムナードなどの広場空間と合わせて高層建築群が計画されており、その意味では、乱立から計画への第一歩を踏み出していたと考えることができる。しかし、これは当時においては、いまだ例外的な存在にすぎなかった。

モダニズムの高層建築と第三次高層化

第二次世界大戦という破壊の時期が終わり、新秩序の再建が目指され始めたとき、モダニズムのもつ計画性、均質性が頼るべき指導原理として広く受け入れられるようになる。大恐慌および大戦という、高層建築の建設にとっては十数年の空白が過ぎてみると、様式主義やアールデコはすでに遠い過去となっていた。ミース・ファン・デル・ローエ、ル・コルビュジエといったモダニズムの主導者たちは、高層建築をめぐる様々な構想を描いた1920年代には、いまだ前衛的存在であったが、今や世界の建築界を指導する巨匠の立場に立っていた。また、建築の工学技術も、アメリカの工業力を主舞台に、高度な発展を遂げようとしていた。こうした状況の中から、モダニズムの高層建築が現実のものとなっていくのである。

モダニズムの高層建築の展開は、アメリカにおいては、1950年代と1960〜75年頃といった二つの時期に分けて整理することができる。1950年代は、ひと言でいうならば、ガラスと金属でできた箱型の高層建築が定着する時期である。まず、1950年代初頭に、モダニズムの高層建築の到来を告げる記念すべき三つの作品が完成した。レイクショア・ドライブ・アパートメント[図35]（1951年、ミース・ファン・デル・ローエ設計、シカゴ）、国連本部ビル[図36]（1952年、ウォーレス・K.ハリソン他国際建築家委員会設計、ニューヨーク）、レヴァー・ハウス（1952年、SOM設計、ニューヨーク、162頁）である。いずれも、ガラスと金属で包み込まれた箱型の高層棟をもち、高層棟周辺には広場あるいは中庭などの空地を備えていた。

1950年代末になると、ガラスと金属の箱型高層建築の最高傑作である二つの作品、シーグラム・ビル（1958年、ミース・ファン・デル・ローエとフィリップ・ジョンソン設計、ニューヨーク、49頁）およびチェイス・マンハッタン銀行ビル[図37]（1960年、SOM設計、ニューヨーク）で、細部のデザインにおいて、さらに建物を取り囲む広場のコンセプトの明快さにおいて、新たな高層建築の姿を遺憾なく表現し切っていたのである。1916年以来、ゾーニング法により高層建築の形態規制を行ってきたニューヨーク市当局も、これらの作品の成果を見るに及んで、1961年に法を改正し、形態規制ではなく容積率規制を採用して、プラザの設置を推奨することになる。ここに至って、モダニズムの高層建築の考え方は、法の上でも定着を見たのだった。

1960年以降1970年代半ば頃までの時期には、モダニズムの高層建築のそれまでとは異なる展開が生じることになる。この展開は、大きく四つの動向に分けて考えることができる。一つは、安易なモダニズムの高層建築が大量に建設されるようになることである。金属とガラスの箱とひと口にいっても、優れたモダニズムの高層建築は、ミースが「レス・イズ・モア」と述べたように、細部においては究極的な洗練があり、かつ比例や様々な空間の効果に関しても細心の注意を払いつつデザインされていたのであるが、そうした配慮のない、文字通り金属とガラスで包まれた単調な箱が大量に生産されるように

図34 「300万人のための現代都市」

図35 レイクショア・ドライブ・アパートメント

図36 国連本部ビル

なった。

　第二の動向は、金属とガラスの箱に満足せず、外形や外壁のデザイン、空間構成のデザインに創意工夫を凝らした作品が誕生してくることである。フォード財団ビル［図38］（1967年、ケヴィン・ローチ＆ジョン・ディンケルー設計、ニューヨーク）のアトリウム空間、CBSビル［図39］（1965年、エーロ・サーリネン＆アソシエイツ設計、ニューヨーク）の石貼りの三角柱が生み出す壮厳な表現などは、そうした例である。また、1970年代半ば頃になると、シティコープ・センター［図40］（1977年、ヒュー・スタビンス＆アソシエイツ設計、ニューヨーク）などのように箱型の形態そのものを打ち破ろうとする動きも生じてくる。

　第三の動向は、第三次高層化と呼ぶべき現象が、1970年代の前半に見られたことである。ジョン・ハンコック・センター（1970年、SOM設計、シカゴ、52頁）の100階建て、337mという高さは、完成時にはクライスラー・ビルを抜いて、エンパイア・ステート・ビルに次ぐ世界第二位の高さとなった。その数年後には、ワールドトレード・センター［図41］（1974年、ミノル・ヤマサキ＆アソシエイツ設計、ニューヨーク）の410m、そしてシアーズ・タワー（現ウィリス・タワー、1974年、SOM設計、シカゴ、52頁）の442mが誕生して、高さの順位は、エンパイア・ステート・ビルの完成から四十数年を経て、大きく入れ替わったのである。

　第四の動向は、モダニズムの高層建築が速やかに世界各地へ普及していくことである。1950年代のアメリカで確立したモダニズムの高層建築美学は、その均質性という大きな特徴のゆえに、驚くべき勢いで世界各地に広がった。著名な初期の例を挙げると、イタリア・ミラノでは、ヴェラスカ・タワー［図42］（1958年、BBPR設計、106m）、ピレリ・ビル［図43］（1960年、ジオ・ポンティ設計、127m）がある。しかしながら、前者はやや伝統的建築を想起させる点、後者は箱型ではない鋭利なヴォリュームをもつ点において、ミース流の高層建築とは異なっている点は興味深い。ドイツのフランクフルト・アム・マイン（74頁）でも1960年代から高層建築の建設が始まる。パリは、ラ・デファンスを高層建築の受け皿として計画するが、旧市街に、モンパルナス・タワー（1973年、ジャン・ソボ他設計、209m、73頁）を建設し物議をかもしだした。

　日本も無論例外ではなく、1960年代に入って、超高層建設のための準備が進められ、1968年にその第一号である霞が関ビル（山下設計、147m）が誕生して以来、多くの建設がなされ始めた。香港では、ジャーデン・ハウス（1973年、P＆Tグループ、179m、106頁）を皮切りに、高さを追求する時代に入った。ソウル（134頁）、シンガポール（140頁）など、アジアの主要都市も、一挙に高層建築時代を迎える。しかし、この時期のアジアは、まだ高層建築を受け入れ始めたという段階であった。

ポストモダニズムへ

　1960年以降、こうした均質性の美学が世界中を席巻する一方で、先述したように高層建築美学の最先端は、大きく変わり始めていた。そして1970年代半ば頃から、モダニズムの高層建築美学の根幹である均質性に対して公然と批判が出始め、時代はポストモダニズムに向かって、一挙に傾斜を強めていく。また、ポストモダニズムは狭義では、歴史的形態モチーフのリヴァイヴァリズムを意味するが、ここではより広義に考えて、ポストモダニズムの高層建築の動向を検討することにしよう。モダニズムの高層建築のキイワードが均質性であったとしたら、ポストモダニズムのそれは、象徴性、表現性の再獲得ということになる。しかし、この大目標に至るための道筋つまりデザインの手法は多様である。この多様さを外観デザインに即してあえて分類するならば以下のようになろうか。

①歴史的形態モチーフの採用

　AT＆Tビル［図44］（1984年、フィリップ・ジョンソン＆ジョン・バーギー設計、ニューヨーク）の頂部におけるブロークン・ペディメントあるいは低層部におけるローマ風アーチの採用のように、歴史的形態モチーフ

図37　チェイス・マンハツタン銀行ビル

図38　フォード財団ビル

図39　CBSビル

図40　シティコープ・センター

を使用する傾向である。リパブリック・バンク・センター（1984年、フィリップ・ジョンソン＆ジョン・バーギー設計、ヒューストン）におけるゴシック様式の細部の採用も、この傾向に属する。今世紀初頭に支配的であった様式主義の高層建築の復活と考えることもできる。

②アールデコ・モチーフの採用

ワールド・ファイナンシャル・センター［図45］（1988年、シーザー・ペリ＆アソシエイツ設計、ニューヨーク）は、隣接するアールデコ高層建築の傑作ニューヨーク・テレフォン・ビルの外形を意図的に採用する。高さではさほどではないが、ポートランド・ビル［図46］（1982年、マイケル・グレイヴス設計、ポートランド）は、アールデコ・リヴァイヴァルの初期の例である。

③カーテンウォールのパターン化

ニューヨークの近代美術館高層住居棟［図47］（1984年、シーザー・ペリ設計、ニューヨーク）では、外壁のカーテンウォールに数種類のガラスおよびスパンドレス・パネルを用いて、モザイク状のパターンをつくりだしている。これは、モダニズムの遺産であるガラスのカーテンウォールを踏襲しつつも、パターン化によって均質な無機的表現を打ち破ろうとする意図の現れである。

④ヴォリュームの変形

IBMビル［図44］（1983年、エドワード・ララビー・バーンズ・アソシエイツ設計、ニューヨーク）、トランプ・タワー［図44］（1983年、スワンク・ハイデン・コンネル・アーキテクト設計、ニューヨーク）、333ワッカードライブ（1983年、KFP、シカゴ、162頁）では、外壁面のカーテンウォールには、均質な表現を残しつつ、ヴォリューム自体を操作することで箱型を脱却しようとする。

⑤建築メカニズムの表現

香港上海銀行（1986年、フォスター＆アソシエイツ設計、香港、106頁）は、スーパーストラクチュアおよび吊構造という構造上のメカニズムを大胆に表現し、ロイズ・オブ・ロンドン（1986年、リチャード・ロジャース設計、ロンドン、67頁）は、構造上のメカニズムのみならず、設備および動線といったメカニズムをすべて外観に表現する。これは、諸メカニズムを包み込んだモダニズム高層建築の発想の逆転と見做し得る。

以上、いくつかの例のみを取り上げたが、他の実例も、多かれ少なかれ、前記のような傾向のいずれかには該当する。改めてこのような整理を行ってみると、建築メカニズムの表現を除いては、ほとんどが、これまでの高層建築の歴史の中で試みられてきたことを、参照し、推敲しているようにも思える。

5. 1990年代以降－グローバリズムと第4次高層化

1990年代以降の高層建築の実態は、本書の第Ⅲ部「世界の都市と高層建築」をご覧いただきたいが、ここでは、全体的な動向についての整理をしておきたい。

まず、大きな動向として、高層建築の建設の中心は、アメリカではなく、1990年頃からアジアへと移り、2000年を過ぎると中東での建設量が急増する。また、世界全体で見た場合の建設量も、1995年頃から急激に増え始め、世界の150m以上の高層建築の約4分の3は、この20年間に建設されていることもわかる[注7]。とはいえ、それぞれの都市は、それぞれの特性をもち、高層建築の特色も様々なので、国別・都市別に考察しないと、実態の把握が難しいことはいうまでもない。

同じく顕著な動向として、第4次高層化なる現象が生じたことが挙げられる。シカゴのシアーズ・タワー（現ウィリス・タワー）の442mという高さが20年以上に渡って世界一の高さを誇ったが、1998年に竣工するクアラルンプールのペトロナス・ツウィン・タワー（シーザー・ペリ設計、452m、147頁）によって凌駕された。しかし、その高さも、2004年に竣工する台北101（李祖原設計、128頁）の508mという高さによって、大きく抜かれることになる。一方、上海環球中心（2008年、KPF設計、492m、119頁）は、ペトロナス・ツウィン・タワーを超えるべく計画が着手されたが、工事の遅れや計画の見直しによって、完成時には、世界2位の高さに甘んじることになった。こうした高さ競争に、取りあえずの終止符を打つのが、ブルジュ・ハリファ（2010年、SOM

図41　ワールドトレード・センター

図42　ヴェラスカ・タワー

図43　ピレリ・ビル

図44　右がAT＆Tビル、中央がIBMビル、左がトランプ・タワー

設計、87頁）の828mという超越的な高さである。しかし、この高さも、サウジアラビアのジッダで建設中のキングダム・タワー（SOM設計、162頁）の1007mによって、大きく抜かれることになろう。アジアでは、上海タワー（ゲンスラー設計、632m、119頁）、天津のゴルディン・ファイナンス117（P&Tグループ設計、597m、165頁）、ソウルのロッテ・ワールド・タワー（KPF設計、555m、162頁）、北京のツァンゴウ・ツァン（KPF設計、528m、127頁）など、500mを超える高層が建設中であり、数年のうちには、高さのランキングも大きく変わることになる。

一方、デザイン的な動向に目を向けてみると、ポストモダニズム期に一挙に多様化した傾向のうち、二つの傾向が顕著であるように思える。一つは、歴史的・伝統的モチーフの採用によって、地域性や伝統性を表現する動きである。ペトロナス・ツウィン・タワーが、八芒星に基づく平面パターンや伝統的なマレーハウスの屋根を思わせる頂部を採用し、台北101が竹の節をモチーフとする外形を採用したことなどは、その典型であろう。また、古典主義建築の建築モチーフを採用した例も各都市に根強く見ることができる。しかし、歴史的・伝統的モチーフの採用は、数の上では決して多くはない。より強く見られる傾向は、ヴォリュームの変形をさらにダイナミックに発展させ、特に曲面形や斜めの面の導入によって、抽象的ではあるが独特の外形を生み出すという傾向である。地域性や伝統性を表現する動向とヴォリュームの変形による劇的な表現という動向は、大きく異なる方向を向いた傾向であるが、グローバル化の中にあっては、後者の傾向がより強まっているように思える。

高層建築における環境配慮型の設計への関心の高まり、およびそうした配慮とデザインの融合も近年の動向の一つである。もともとアメリカという温帯生まれの高層建築が、アジアや中東という異なる気候風土の中でどれだけの工夫ができるのかという点は、重要な課題である。高層建築の膨大な建設が進んでしまった今、環境配慮への関心の高まりが遅すぎた感がないではない。しかしながら、合わせて考えておかなければならない動向は、高層建築のリノヴェーションやコンヴァージョンという状況が、特にアメリカにおいて盛んに生じているという事実である[注8]。環境配慮型の設計の蓄積は、そうした改修の際にも大いに役に立つ。現時点では、高層建築の新築が大きく注目されているが、今後は、高層建築のリノヴェーションやコンヴァージョン、それに伴う環境配慮型の改修などが、大きなテーマになっていくであろう。

注1　本稿は、小林克弘「高層の文明史」、編集代表：船越徹、執筆代表：小林克弘・村尾成文、SPACE DESIGN SERIES10 高層、新日本法規出版、1994年、7-29頁所収に、大幅な修正・加筆を行っている。
注2　Weisman, Winston, "A New View of Skyscraper History" in The Rise of an American Architecture, Praeger Publishers, 1970
注3　Louis Sullivan, "The tall Office Building Artistically Considered" Lippincot March, 1896
注4　Ernest Flagg, "The Limitation of Height and Area of Building in New York", American Architect vol. 93, Apr. 15, 1908
注5　ゾーニング法およびアールデコ様式の高層建築に関しては、小林克弘、アール・デコの摩天楼、鹿島出版会、1990年を参照のこと。
注6　Hugh Feriss, "The new architecture", New York Times, March 19, 1922
注7　こうした統計的な分析は、大澤昭彦、高層建築の世界史、講談社現代新書、2015年の第6章高層建築物の現在－1990年代〜現在、に詳しく述べられているので参照いただきたい。
注8　高層建築のコンヴァージョン（用途変更）のいくつかに関しては、小林克弘、三田村哲哉、橘高義典、鳥海基樹、共編著、世界のコンバージョン建築、鹿島出版会、2008年において紹介している。

図版出典（下記以外の写真は筆者撮影）
図1　Kouenhove, John A., The Colunbia Historical Portrait of New York-An Essay in Graphic History, Harper & Row, 1972
図2, 3, 14, 17　Weisman, Winston 前掲書
図4, 5　Process Architecture 35 シカゴ派の建築、1983
図6, 7　G. ギーディオン著、太田実訳、空間・時間・建築、丸善、1969年
図21　Architectural Forum 誌
図29　Krinsky, Carol H., Rockerfeller Center, Oxford University Press, 1978
図31　八束はじめ、ロシア・アヴァンギャルド建築、INAX出版、1993年
図32, 34　ヴァルター・グロピウス著、貞包博幸訳、国際建築、中央公論美術出版、1991

図45　ワールド・ファイナンシャル・センター

図46　ポートランド・ビル

図47　近代美術館高層住居棟頂部

ランドスクレイパーズ──超高層を超構想するプロジェクト都市計画へ

鳥海基樹

問題意識

　超高層は、垂直性の計画規模において従来の高層建築を凌駕している。しかし、その越境ぶりを、スカイスクレイパー（空を引っ掻く）という方向性に関してのみ議論するのは不十分であろう。それは直行面に展開する都市空間に対し、従来の建築物にない強度で正負双方の影響を及ぼすからだ。つまり、それらはランドスクレイパー（地を引っ掻く）でもあり、超高層を多次元的に脱構築する超構想が不可欠になる。

　以下では、本書を成果物とする共同研究の過程で看取したいくつかの都市計画的超構想に関し、試論をものしたい。

目的を超構想する

　多くの場合、超高層の建設目的は業務空間の提供による不動産価値の最大化で、民間主体にとって合理的で健全な経済活動である。とはいえ、そこに戦略的誘導措置を講じれば、目的も超構想可能だ。ロンドンを例に取ろう。

　シティには国内外約500の銀行に加え、世界の上位500企業のうち75％が本支店を構える。対して、テムズをはさんで南岸は工業地帯で、その工場群も、テート・モダンにコンヴァージョンされた発電所が象徴するように、斜陽状態にあった。ザ・シャードの立地場所は、シティからロンドン橋を渡ってすぐの、かくなる衰退地区の鬼門を扼していた［図1］。

　日本人は脚を伸ばさないが、さらに南に数百mの位置にあるエレファント・アンド・キャッスル地区は非白色人種率の高い街で、そこへの人の流れをつくる越境の経由地としてザ・シャードは屹立する。そしてそれ自身、テムズ南岸再生計画に超構想される。ウエストミンスター対岸のロンドン・アイからの流れである。

　この類いの誘導型都市計画では容積率緩和等の手段が活用されるが、ロンドンの場合、民間丸投げでピリオドではなく、さらに公的関与が積層してくる。テムズ南岸再生計画がそれだし、さらに東方のタワー・ブリッジの足元にノーマン・フォスター設計で大ロンドン市庁舎が建設されている。

　とりわけヨーロッパではこの手の超高層にしばしば出会う。

　本書でスウェーデンのマルメ市といえば、サンチアゴ・カラトラヴァのターニング・トルソであろう。しかし、それが斜陽工業地帯再生のイコンであることは、日本ではあまり知られていない。マルメは、基幹産業である造船所が1986年に閉所したことで約3万の雇用を喪失し、残された175haのブラウン・フィールドの後始末に悩んだ。1994年に市長に就任したイマール・リーパルが、1996年に再生構想『マルメ2000』でナレッジ・シティ（知的産業都市）への転換を推進した。したがって、ターニング・トルソは単なる超高層ではなく、そのイコンとして超構想されたものなのだ［図2］。プロジェクトの結果、1995年〜2010年で人口は20％増（5万4000人増）、雇用は31％増（3万5000雇用増）となったが、興味深いのは、1995年〜2012年で自転車のトリップが50％増加したことだ。

　民間企業による経済的合理性という目的が、公的主体の誘導のみならず自らの介入で都市再生に超構想された好例である。

行政区画を超構想する

　超高層は、ほとんどの場合、オフィスと住宅供給のために建設されるが、就労者・居住者全員の職住近接は不可能だし、超高層を擁する単一自治体内での行動の完結も不可能である。ましてや来訪者の起点は一層拡散する。つまり、行政区画を超えた広域的超構想が必要となる。これも、民間主体ではなく公的主体の役割である。ここでもロンドンは好例かつ格好の反面教師だ。

　1986年、マーガレット・サッチャーは、政敵が支配的な大ロンドン議会（GLC）を廃止し、都市整備や交通権限を国に収奪した。ただ、これで広域的で戦略的な首都構築が迅速化するとの予想は楽観的に過ぎた。彼女の肝煎りプロジェクトとして筆頭に列挙可能なのがドックランドだが、当初は事実上の国策企業が担当した。2250haのブラウン・フィールド再生という目的は高尚だったが、1987年開通のドックランド・ライトレイルウェイは路線網に工夫がなく、1999年の地下鉄ジュビリー

図1　ザ・シャードで見るべきは高度のみならず南の斜陽地区への人の流れのジェネレイターとなっているかだ

図2　ターニング・トルソは斜陽工業都市のイコンとして計画された。すなわちターニング・コリドー（転換に向かう走路）でもある

線延伸までウェスト・エンドとは切断されていた。

　現在、2017年開業予定でクロスレール鉄道を整備中だが、これでようやくヒースロー空港とドックランドが連結される（開業は遅れる見込み）。その計画決定は2005年に過ぎない。

　1997年に政権交代に成功した労働党のトニー・ブレアが、1999年に大ロンドン市（GLA）の設置を決定し、2000年に同党からケン・リヴィングストン市政が誕生して、ようやく行政区画の超構想が可能になった。1999年のアーバン・ルネッサンス報告書はブレアの依頼でリチャード・ロジャースが筆頭委員となったもので、本書「ロンドン」の項でも述べる通り、そのことでロンドンの歴史的スカイラインが劇的に変容したのも事実だ。ただ、交通や公共空間整備、あるいは都市再生等の超高層とは直行平面上の超構想は、地域に根付いた広域政府にしかできないことがわかろうものだ。

　さて、グレーター・ロンドンの復調に焦りを隠せないのがパリだ。2012年の五輪開催都市選考レースでロンドンに逆転されたこともあり、百年戦争以来の競争心が再点火している。プロジェクトの名称もグラン・パリだが、2007年にニコラ・サルコジ大統領が打ち上げた壮大な計画も、2012年の政権交代後も浮揚しない低景気下で停滞を余儀なくされている。ただ、行政区画の超構想というトレーニングは有効で、セーヌがイギリス海峡に注ぐル・アーヴルを首都圏の外港として計画に取り込む想像力や、シャルル・ドゥ＝ゴール空港とラ・デファンスの直行鉄道路線を提案する考察力はその証左といえよう。2024年五輪の開催都市に選抜されれば、ここで涵養された行政区画の超構想は一気に弾みが付くだろう。

時代を超構想する

　超高層もすでに文化財指定されても異論のない作品はあるが、多くのそれは近現代的で、たいていの場合、そこに歴史性を看取するのは困難である。その意味で、超高層の近現代性を補完する歴史的環境の保存、すなわち時代の超構想は、都市の品位の形成に重要である。

　ここでは、超高層との両立が困難な眺望景観を取り上げてみたい。多くの場合、眺望は長距離・広範囲に及ぶため、大規模建物である超高層と干渉することが少なくない。ただ、保守すべきものの合意形成を早期に形成すれば、至って可視性の高度な時代の超構想に貢献する。また、行政区画を越境する場合が多いので、その超構想とも相乗的になる。

　ロンドンの眺望景観規制は、本書「ロンドン」の項で概述するが、ウィーンのような中規模歴史都市や、シンガポールのような新興業務都市も超高層の制御手段として活用している。ただ、世界でも最もコンプリートな眺望景観規制はパリのそれであろう［図3］。1973年のモンパルナス・タワー建設による、アレクサンドル3世橋からアンヴァリッドへのパノラマの毀損を契機に制定された本規制は、同時に強化された高度規制と連動してパリでの超高層建設を停止させた。歴史的環境都市としてのパリと、業務核としてのラ・デファンスの線引きである。

　眺望景観だけではなく、西欧都市はおしなべて現代都市における歴史的環境の重要性を早期に看取し、時代の超構想に取り組んできた。ニューヨークでグランド・セントラル駅保存のため容積率移転が実施されたのは1908年だ。パリを始め、都市の歴史的環境の活用を通じ、超高層で働き経済成長に貢献度の大きなクリエイティヴ階層を惹き付けてきた事例には事欠かない。ルーヴルやオルセーなしに、パリは有能なビジネス・パーソンの垂涎の赴任地とはならなかったはずだ。

　さらに近年では、近現代遺産や産業遺産の活用は都市のマーケティング要素として確固たる地位を獲得しつつある。ロンドンはテート・モダンに続きバタシー発電所の高級住宅へのコンヴァージョンで話題を振りまく。ニューヨークのハイラインも然りだし、ソーホー地区も古い革袋に新酒を入れた好例だ。

　他方、日本では、行幸通りから東京駅を望む眺望を、八重洲口側の超高層で破壊してから同丸の内駅舎を復元する矛盾ぶりだ。また、国会議事堂や迎賓館へのヴィスタの後景を扼す超高層計画が出現しても、2007年まで眺望景観規制を立案しなかった。

固定的コミュニティを超構想する

　多くの超高層はビジネス・パーソンのためのもので、そのコミュニティは固定的といえよう。しかし、イノヴェーションは均質な空間からは生まれない。超高層で働く階層も、時代の超構想された空間や、固定的コミュニティが超構想されたそれがあるからクリエイティヴになれる。

　リチャード・フロリダは『クリエイティブ資本論』で「ゲイ指数」を提示している。都市の創造性と性的少数者（LGBT）への寛容さとの間には正の相関がある。リヴィングストンのごとき有能な政治家はそれをすぐさま摂取し、『ロンドン・プラン』で老若男女は無論、性的少数者の包摂を謳う。ロンドンのテムズ南岸整備は、前述の通り目的の超構想の好例だが、そこで展開する光景に驚かされる空間にも帰結している［図4］。

　ここではロンドンを別の角度から例に取ろう。

　ロンドン・シティ空港は、ドックランドにプライヴェート・ジェットで来訪するエグゼクティヴたちのために1987年に開港した。つまり、ここでは超高層は超構想されず、予想社会階層は実態社会階層そのものである。

興味深いのは、現在中国資本のディヴェロッパーが開発しているその隣地であるロイヤル・アルバート・ドックだ。超高層はないが、10億ポンドを投資して80万㎡のオフィス街が形成される。特記すべきは、入居企業はヨーロッパに支社・支店をもたないアジア企業のみとされている点である。興隆顕著なアジアの新興勢力が、ドックランド、さらにはシティの西欧企業と相補的に発展する構図が意図されている。

固定的コミュニティの超構想を、企業の容易さと読み替えてみてもよい。超高層に入居できる企業はすでに確固たる基盤を有するものが大半であろうが、ビジネスはそれらだけでは成立しない。イノヴェーションはむしろ小規模ヴェンチャーで起きる。

マルセイユを見てみよう。フランスの凋落都市の代表選手と揶揄されてきたマルセイユが、近年その復活ぶりで注目されている。本書読者であれば、ザハ・ハディッド設計の世界第3位海運会社・CMA-CGM社のスカイスクレイパーを想起するであろう。137mの高さと5万5000㎡の規模は超高層としては平凡だが、2本の懸垂曲線が相互接近しながら立ち上がり、垂直な部材が皆無の形態は、幾何性とも具象性とも異なる躍動感あふれる超高層を生み出している。

ただ、ここでは水平の超高層を紹介したい。8万㎡の港湾倉庫が、その旧用途の名をとってレ・ドックというオフィス・コンプレックスにコンヴァージョンされている[図5]。公共事業として非営利で運営され賃料も低く抑制されているから、集積の経済もあって大企業とヴェンチャーが混合入居する。館内のカフェテリアでは、スーツで隙なく固めたビジネスマンと、ヒッピーもどぎのクリエイターが同じテーブルに着いたりしている。

無用に超高層を増殖させて消耗戦に陥る一方で既存ストックを遺棄し、さらにはビジネス・ディストリクトでのコミュニティも閉鎖的な日本への反面教師である。つまり、都市の生産性は超高層だけではなくて超構想にかかっている。

機能を超構想する

住居・労働・余暇・交通を分離する近代建築のテーゼは、完全に呪縛力を喪失したといえよう。超高層も、労働の場という上階に対して余暇という低層階を設置するのが方程式化してきた。ただ、それでもまだスノッブに過ぎはしないか。ロンドンのシティの超高層群の足許のパッサージュにはパブが軒を連ね、昼食時からビールをきこしめすビジネスマンの姿を見ることができるのである。

ただ、かかる好立地を全地区に求めることはできない。しかし、機能の超構想は交通により実現可能だ。その代表格がロンドンのバークレー・サイクルやパリのヴェリブといったコミュニティ・サイクルである。これらを駆る、きりりと決めたスーツのビジネス・パーソンからは、住居や労働の場を連結する交通が余暇化していることがわかる[図6]。ヴェリブについて概述しておこう。

まず、便利で安価だ。300mピッチで配置されたステーションで自転車を借り、市内1200か所以上にあるどのステーションに返してもよい。また、24時間の登録料が1.7ユーロで、30分おきに返却と借り出しを繰り返せばそれ以上のチャージはない。年間登録すれば29ユーロで、しかもSuicaやPasmoに相当するNavigoカードでワンタッチで借りられる。

とはいえ、彼らは余暇としてヴェリブを駆っていないか。これは二重の意味においてである。まず、自転車走行空間の整備が進んでいる。パリ市では2014年には諸種累計して700kmの総延長を達成しており、2015年3月には、アンヌ・イダルゴ市長が2020年までにさらに700kmの整備をする旨宣言している。

ただ、都市景観が美しいからこそ快適なのだ。美観は前述の利便性や経済性にも関わる。パリ市は10年契約で屋外広告パネルの掲出権を民間広告会社に与え、同社は広告掲載料を得る代わり、初期投資費用を含め無料でヴェリブの設置や維持管理を受託している。市はさらに営業利益の還元を得、利用料自体も市の収入になる。

それが何故可能かといえば、厳格な景観規制により屋外広告物掲出権が高価に取引可能であるからだ[図7]。

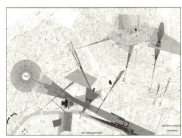

図3　パリの眺望景観規制は市内ほぼ全域での超高層建設を不可とし、その時代の超構想がラ・デファンスの超高層に付加価値を授与する

図4　テムズ南岸にはLGBTの人々の闊歩する場が形成されている。その社会的包摂という超構想が超高層と双発してイノヴェーションの源泉になる

図5　左後方にザハの超高層を従えるレ・ドックは水平の超高層で、様々なコミュニティの人々の接触が展開する

聞けば、シャン・ゼリゼの屋外広告パネルの広告掲載料は日本の銀座通りの10倍だ。都市美が密なステーション配置と安価な利用料金をも生み出している。さらに、ヴェリブの電話センターでは障碍者、修理センターでは職安登録期間の長い人々が優先雇用されている。美観は社会のセーフティネット構築にも貢献している。

建物や地区は動かせないが、人間は動かすことができる。しかも、自転車は小回りが利き投資費用もマストランジットに比較して格段に小さい。パリでは人口の1％台に相当する約2万台が稼働しているのである。機能はかくして超構想され、人々の接触の増殖が多くのイノヴェーションを産出する。

都市計画を超構想する―プロジェクト都市計画へ

日欧では都市再生プロジェクトを打つ場所に大きな相違がある。日本では強者をさらに強く、弱者は自己努力という態度が支配的で、都市再生イコール都心のビジネス・ディストリクトでの容積率緩和型都市開発が連想されがちだ。対してヨーロッパの都市再生は、強者は放置しても問題ないので弱者こそ支援をという理念に支えられ、衰退地域の支援が中心となっている。また、各々の界隈を結ぶ交通体系も公的関与が不可欠だ。

またもやロンドンに範を求めたい。ユーロスターのイギリス側ターミナルは、2007年にウォータールー駅からキングス・クロス＝セント・パンクラス駅に変更となった。1988年にイギリス国鉄がキングス・クロス近辺の54haの操車場跡地を売却後、1995年に再開発が開始され、2007年にユーロスターの終着駅となり、現在では年間5000万人が乗降している。さらに、54haの半分を使い、31万6000㎡のオフィス、4万6000㎡の商業、10haの緑地と水辺空間が2012年に完成した。

今日の殷賑ぶりからは想像できないが、この地区はドラッグや犯罪の巣窟だった。民間は絶対に手を出さない場所に公的資金を投下し、それを呼び水にして民間投資を誘引している［図8］。

現在進行形のプロジェクトとしてアールズコートを挙げておこう。この界隈はチェルシーやケンジントンという高級住宅地に隣接しながらも、治安に不安があり不人気だが、ボリス・ジョンソン大ロンドン市長はアールズ・コート・エクシビジョン・センターと地下鉄車両整備場を取り壊し、今後15〜20年で官民12億ポンドを投じて31haを再開発する旨を宣言している。ここでも、公唱民随である。

近年、対岸のフランスではプロジェクト都市計画（urbanisme de projet）という表現を耳にする。規制でも事業でもない官民協働のプロジェクトを主軸とすることで、効率的都市整備を推進する仕組みである。固定的行政区画内で規制を通じて都市計画を実施してきたモデルが時代遅れになり、プロジェクトを先発させて後発的にガヴァナンスや規則の考案をすべき局面に入った。実現を前提とした具体的プロジェクトなくしては都市計画とはいえず、スキーム型の都市計画の無力を断じている。無論、土地利用規制が無用というわけではなく、それはプロジェクトなくしては有意にならないということだ。

日本での昨今の都市計画のキイ・ワードはコンパクト・シティであろうが、かくのごとく考えると、現行制度でそれが実現したら街は現在のスプロール同様に滅茶苦茶になろう。中心市街地での容積率緩和という規制でも事業でもプロジェクトでもない手法で、郊外でできるのは超高層マンションだけであろう。ここには前述の超構想群は皆無だ。これであれば、現在の拡散的市街地を自転車等で緩やかに連結するスマート・スプロールの方がまだ比較優位ではないか。

業務地区でも、規制緩和で民間が超高層を建設するだけだ。しかし、西欧都市は前述の様々な超構想を駆使して超高層街区の、そして都市全体の価値を向上させている。

超高層は都市の生産性向上の必要条件だが、その超構想という十分条件を欠落させては百害あって一利なしである。つまるところ、スカイスクレイパーズを脱構築してランドスクレイパーズとなし、プロジェクト都市計画により都市計画を超構想することが必要十分条件なのだ。

図6 ドックランドの地下駐車場に付置された会員制高級自転車駐輪場。有能なビジネス・パーソンは移動を余暇化し、さらに体形管理の時間となす

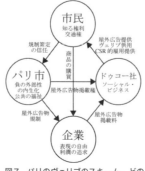

図7 パリのヴェリブのスキーム。どの主体もわずかなコストで大きな社会的便益を生み出している

図8 キングス・クロス＝セント・パンクラス駅前の広場の殷賑は、ランドスクレイパーズという発想が併走した、プロジェクト都市計画による超高層の超構想の産物である

高層建築における環境配慮

永田明寛

はじめに

環境配慮の観点から、建築形態として高層建築が優れているかといえば答えはNoであろう。敷地の制約がなければ、同じ床面積を確保するのに低層なほど建設時の環境負荷が小さくなるのは自明で、運用時のエネルギー消費も通常は中低層の方が少ない。しかし、どのような理由で高層建築を建てるにせよ、建てる以上は環境やサステナビリティに対する配慮が当然必要となる。本稿では、高層建築の空間効率、エネルギー消費の実態について述べるとともに、現在どのような熱性能がファサードに要求されているか、実際の超高層建築における事例を交えて紹介する。

高層建築の形態とエネルギー消費

構造的観点からは高層になるほど柱は太く高強度であることが求められ、基礎も深くなる。これらは建設時のCO_2排出量増大につながる。同じ構成要素が多くなることによるシステム化・合理化はスケールメリットとなりうるもののその効果は限定的であろう。空間効率の観点からは、共用部面積が高層建築ほど大きくなる傾向があることから、延べ床面積当たりの有効面積は小さくなってしまうという問題がある。空間効率の低下が主に影響し、一般に運用時における床面積当たりのエネルギー消費も高層建築ほど大きくなる。一般の建築では無視できる程度のエレベーターの消費電力も超高層では全体の5〜15%を占めるほどになる。ZEB化を進める際には創エネルギーのことも考えなくてはならないが、床面積に対して太陽光発電が可能な面積の割合も高層になるほど減ることからこの点でも不利となる。以上のように、高層化は、個別の建築について議論する限り、環境やエネルギーの観点から見てよいところはないようにみえる。

図1に代表的超高層建築の基準階平面を同一スケールで示す。高層の事務所建築において、基準階床面積は2000〜4000㎡程度であり、建物高さとはほぼ無関係であることが知られている。これは単純に人工照明が完全に普及した現代においても執務室空間の外皮からの奥行きには限界があるためである。その他にも、避難経路（日本の法規だと直通階段までの歩行距離50m以内）、執務室を無柱とする場合は梁スパンも制約となる。日本の事例調査によると執務室奥行きは15〜20mで平均18mとなっている[1]。日本で最も高いあべのハルカス（2014年、竹中工務店設計、300m）でも南側19m、北側17mと奥行きに関しては標準的である。直接的な法的制限がある場合もあり、ドイツでは8mまでと定められている[1]。8mは自然採光を考えたときの最大奥行きにほぼ相当し、日本においても戦前の事務所ビルは同程度であった。奥行きは日米で深く、欧州で浅い傾向があるが、代表事例の調査[2]では12.1mが平均となっている。高層事務所建築の基準階床面積は、平面形状を72m×72mの正方形平面（18m×18m×16コマ、うちセンターコア4コマ。基準階レンタブル比75%）として、5184㎡となるがこれがほぼ最大となるだろう。ウィリス・タワー（シカゴ、52頁）がほぼこのスケールである。分散コアにすればより大きくすることも不可能ではないが、ツウィン・タワーのように棟を分割し連棟とすることが多いようである。基準階レンタブル比は高層建築の場合、平均70%程度である。基準階レンタブル比は基準階面積が小さいと低くなる傾向があり、たとえば、ペトロナス・ツウィン・タワー（クアラルンプール、147頁）では基準階床面積2150㎡、基準階レンタブル比60%、前述のウィリス・タワーでは基準階床面積4900㎡、基準階レンタブル比77%となっている。高層建築の場合、ロビー階（エントランスの他、エレベーターの乗換階）や機械室階（ポンプの揚程や吐出圧制御の観点からブースターポンプや中

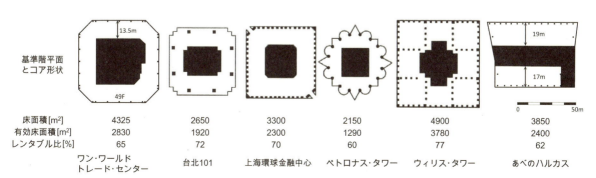

基準階平面とコア形状						
床面積[m²]	4325	2650	3300	2150	4900	3850
有効床面積[m²]	2830	1920	2300	1290	3780	2400
レンタブル比[%]	65	72	70	60	77	62
	ワン・ワールドトレード・センター	台北101	上海環球金融中心	ペトロナス・タワー	ウィリス・タワー	あべのハルカス

図1　高層事務所建築の平面とコア形状（文献[2]より抜粋、ワン・ワールドトレード・センターとあべのハルカスを追加）

間受水槽の設置が必要となる）などフロアの大部分が共用部となる階が十数層に1層の割合で必要となるため、建物全体のレンタブル比は下がり、超高層では60％を下回る場合もある（一般に建物全体のレンタブル比は小規模で80〜85％、中規模で70〜80％、大規模だと60〜70％程度といわれている）。

事務所ビルの建物階数とエネルギー消費量の関係を実績データをもとに詳細に見てみよう。DECCデータ[3]に基づき日本全国の事務所ビルの年間一次エネルギー消費量（延べ床面積当たり）について建物階数別に集計した結果を図2に示す。中央値で見ると、1、2階の低層ビルでは1200MJ/㎡・年程度であるが階数が増すと顕著に右肩上がりに増え19階で2500MJ/㎡・年と倍以上になる。しかし20階から30階程度で一旦頭打ちになり、30階台後半でピークとなった後は漸減傾向が見られる。ニューヨークの実績データの分析[4]でも同様の報告がされている。図3に建物階数を10階ごとに区分して平均した年間一次エネルギー消費量の値について、ニューヨークと日本（全国）のデータを比較したものを示す。ニューヨークの方が全体にかなり大きな値となっているが、絶対値の議論はここでは行わない。というのも、原論文の値が二次エネルギーで示されており一次エネルギーが直接示されたものではないため、エネルギー源をすべて電力として一次エネルギー換算値3.14（米国エネルギースターで用いられている換算値。日本の省エネルギー基準では2.71〔全日〕）を乗じた値を示しており建物自体の性能比較には慎重を要するからである。ここでは、30階台まで床面積当たりのエネルギー消費量が増大した後、漸減する傾向が日米で全く同一であることに注目されたい。このことが全世界共通のものかどうかは定かではないが、単純に建物が高ければ高いほどエネルギー性能が劣るということではないようである。ただし、延べ床面積当たりの値であることには注意が必要で、より詳細にはレンタブル比や収容人数の観点も加えて分析すべきである。ここでは事務所ビルを取り上げたが、近年は高層建築の用途が事務所から住宅に大きくシフトしてきており、店舗やホテルを含んだ複合用途のものも多い。今後は事務所以外の用途の分析も含めて詳細に検討していく必要があるだろう。

高層建築のファサード

気候・風土に即したデザインをバイオクライマティック・デザイン（生気象学的デザイン）という。その最たるものはバナキュラー建築ということになるが、高層建築はインターナショナル・スタイルの権化であり、その対極に位置するものとして一般に認識されている。実際、高層建築の形態や素材に地域性を認めることは困難である。しかし、当然のことながら、建築はその建設地の気候・風土と無関係なものとはなり得ない。外観上、同じに見えても詳細に見るとファサードには違いが存在する。特に近年は高層建築といえどもサステナビリティや環境配慮が問われ、パッシブデザイン、すなわち建築的工夫によって環境性能を向上させる設計、が重視されるようになってきている。

環境的に見た場合、熱貫流率、日射熱取得率、漏気率、可視光透過率の四つがファサードの基本性能となる。

熱貫流率は内外温度差が1度のとき単位面積当たり通過する熱量で値が小さいほど断熱性能がよいことを意味し、ピーク時の冷暖房負荷削減に寄与する。しかし、日本の高層建築では嵌め殺し窓が通常採用されており、中間期に内部で発生した熱が外皮を通して逃げていきにくくなり冷房負荷増大を招くことから、断熱性能はなかなか向上せず、いまだに単板ガラス（熱貫流率5.6W/㎡・K程度）が使用されることもある。国際的には断熱性能強化が進んでおり、高層建築でも自然換気を行えば中間期の問題は解決すること、窓際の熱環境改善にもなることから今後は日本においてもファサードの断熱性能向上を図るべきであろう。超高層建築で改修により断熱性能を向上させた例としてはエムパイア・ステート・ビル（ニューヨーク、42頁）が有名である。1931年に建設された当初はスチールフレームに単板ガラスという断熱性能として最低の窓が使われていた。1991年に透明ペア

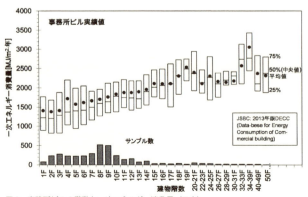

図2 事務所ビルの階数と一次エネルギー消費量（日本）

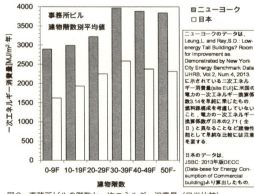

図3 事務所ビルの階数と一次エネルギー消費量（日米比較）

ガラス（熱貫流率2.8W／㎡・K）に改修されたがスペーサにはスチールが用いられていた。2010年の改修では重量や材料リユースの観点から既存のペアガラスを解体・清掃後再利用し、Low-Eヒートミラーフィルム入りのペアガラスとして再生している。スペーサは樹脂（ウォームエッジ）、中空層にはクリプトンガス（Kr：90％、air：10％）を充填しておりガラス部の熱貫流率0.81W／㎡・K（東西南面。北面は1.14）という高性能なものとなっている[5]。これは新築のワン・ワールドトレード・センター（ニューヨーク、44頁）のガラス（Low-Eペア。熱貫流率1.7W／㎡・K）の倍の断熱性能となっている。欧州では高層建築でもペアガラスは普通であり、最近はトリプルガラスが採用されている事例も多い[6]。ワン・カナダ・スクエア（ロンドン、58頁）では1991年竣工でありながらLow-Eトリプルガラスであり、ウォームエッジを採用することでフレームも含めた窓全体の熱貫流率0.9W／㎡・Kを達成している。欧州では窓のエネルギー性能に関わる基準は厳しく、かつ年々強化されている。熱貫流率の基準値は、現在、フィンランド：1.0、ドイツ：1.3、イギリス：1.6、フランス：2.0W／㎡・Kなどとなっている。

日射熱取得率（SHGC：Solar Heat Gain Coefficient）は外表面に入射する日射量のうち、室内に侵入する熱量の割合である。SHGCが小さいほど遮熱性能が優れ冷房負荷削減に寄与するが、逆に暖房負荷は増大する。したがって寒冷地では値が大きいほどよく、暑熱地では値が小さいほど良いことになり、どの程度の値が良いかには顕著な地域性がある。たとえば、イギリスではSHGCが大きいほど熱性能が良いガラスとみなされている。冬季の日射取得を重視しガラス自体はSHGCの大きいものを採用し、日射遮蔽はブラインドなどで対応するという考えである。通常のフロートガラスのSHGCは3㎜厚で0.88であるが、12㎜厚だと0.79となる。高透過ガラス（酸化鉄の含有量を減らし透過率を高めたガラス）だと3㎜厚は0.90でフロートガラスより若干高い程度だが、12㎜厚でも0.88とさして低下しない。このため、イギリスではSHGCを大きくするために高価な高透過ガラスが使われることもある。一方、ブルジュ・ハリファ（ドバイ、86頁）ではSHGCが0.15-0.17の高性能熱線反射ガラスが用いられている。暑熱環境のドバイで遮熱性能の優れたガラスが使われるのは当然であるが、ブルジュ・ハリファのガラスで興味深いのは、Low-Eペアガラスで熱貫流率が1.4-1.7W／㎡・Kと断熱性能も高い点である。これも設定室温22℃に対し、外気設計条件が48℃である点を考えれば納得できよう。選定を行ったガラスメーカーによると、日中地物に蓄えられた熱が夜間に熱放射されてくるのを反射すること、冷房時、外気側が結露するのを防止することを目的として、Low-Eペアガラスが中東で近年普及しているとのことである[7]。

CTBUHによると150m以上の建築は世界に3262棟あるが、そのうち1145棟と実に3分の1が中国（香港を含む）に集中している[8]（2015年5月5日現在）。中国には大きく五つの気候区分（厳寒、寒冷、温暖、暑熱・冬期寒冷、暑熱・冬期温暖）がある。地域ごとにファサードの熱性能が定められており、窓の熱貫流率は、厳寒（瀋陽など）2.5、寒冷（北京など）2.6、暑熱・冬期寒冷（上海など）3.0、暑熱・冬期温暖（深圳など）5.6W／㎡・K、日射熱取得率は同順で0.64、0.70、0.50（北面は0.60）、0.40となっている[9]。寒冷値における断熱性能基準は欧州と比べるとかなり緩いが、それでも上海でペアガラス以上の断熱性能が要求されている。

漏気率は気密性能に関連する指標である。地上高さが高いほど風速は大きくなることから高層建築ではファサードの気密性能が特に要求されるが、たいていの場合、漏気負荷は熱負荷計算で無視できる程度となる。

可視光透過率は、自然採光に関連する他、視的快適性の観点からもある程度以上の値を確保することが必要とされている。国によっては基準が設けられており、たとえばドイツでは0.78となっている。

通常の窓の熱貫流率や日射熱取得率は外部風速や日射の入射角によって若干変化するものの大きくは変わらない。日本のように四季がある場合は、熱貫流率は夏冬

図4 コメルツバンク・タワーのファサード[10]　断面　アクソメ

図5 30セント・メリー・アクスの窓[11]

図6 ザ・シャードのファサード断面[12]

は小さく、中間期は大きい方がよい。日射熱取得率は夏は小さく、冬は大きい方がよい。このように季節によって要求される熱性能が異なるため、ダブルスキンが採用される事例が増えてきている。これらは、内蔵されたブラインド等の日射遮蔽装置の自動制御およびダブルスキン内の気流制御を行うことで熱性能をダイナミックに変えることができ、ファサードに環境応答性をもたせることが可能となる。

1997年に竣工した初のエコロジカル超高層建築として名高いコメルツバンク・タワー（フランクフルト、76頁）では、図4のように内側Low-Eペアガラスと外側シングルガラスの間に165㎜のキャビティを設けたダブルスキンが採用されている。キャビティには自動制御ブラインドが内蔵されており上下のスリットを通じて外気側に開放されている。内側ガラスは開閉可能でキャビティを介して自然換気ができる。建物全体としては、中央のアトリウムのまわりに緑化されたスカイ・ガーデンがスパイラル状に配置され、スカイ・ガーデンに面した窓を開閉することによって自然換気が図られる。自然換気期間は設計当初は年の60％を想定していたが運用では85％となっておりエネルギー使用削減に寄与しているとしている[10]。ドイツ人の自然換気好きは有名で、高層建築においても窓開けが可能なものが多いとはいえ驚異的な数値である。設計したノーマン・フォスターは30セント・メリー・アクス（ロンドン、68頁）でもダブルスキンを採用しており、特徴的な外側の三角窓の一部は開閉可能となっている[11]［図5］。レンゾ・ピアノ設計のザ・シャード（ロンドン、66頁）もダブルスキンである。内側は開閉可能なLow-Eペアガラス、外側はシングルガラスで、すべて高透過ガラスが採用されている。熱貫流率は1.1W／㎡・Kである。キャビティは幅250㎜で内部に自動制御ロールスクリーンが内蔵されており［図6］、細いスリットを通じて外気に開放されている[12]。

高層建築は、エネルギー多消費型の建築形態ではあるが、それだからこそ、ファサードの熱性能を高めていくことが強く求められる。ダブルスキンなど環境応答性のあるファサードはますます普及し、調光機能やシースルー型太陽電池による発電等も含めファサードのスマート化が図られていくことになろう。

最後に

本稿では触れることができなかった設備なども含め、最近では、環境性能的に優れた高層建築がでてきている。LEED CS（コア＆シェル）で2010年にプラチナ認証を受けたバンク・オブ・アメリカ・タワー（ニューヨーク、46頁）が有名だが、地道な運用改善の努力により、LEED EBOM（既存建築の運用・維持）で2011年にプラチナ認証を受けた台北101（台北、128頁）も忘れてはならない。建物に四つの風穴を開け、中のウィンド・タービン発電機に風を導くようファサード形状を最適化したパール・リバー・タワー（広州、115頁）も興味深い試みである。

都市全体、地球全体の環境負荷を考えた場合に、高密化・高層化が正しい選択なのかどうかはわからない。しかし、建てる以上は可能な限りの環境配慮を行うべきで、そこから新しい超高層建築の姿が現れることを期待したい。

参考文献

1) Kohn, A.E. and Katz, J.: Building Type Basics for Office Buildings, Elsevier, Amsterdam, 2002.
2) Sev, A. and Özgen, A.: Space Efficiency in High-rise Office Buildings, METU JFA, 26: 2, 69-89, 2009.
3) 日本サステナブル建築協会：非住宅建築物のエネルギー消費量に係わるデータベース（DECC: Data-base for Energy Consumption of Commercial buildings)、2013.
4) Leung, L. and Ray, S.D.: Low-energy Tall Buildings? Room for Improvement as Demonstrated by New York City Energy Benchmark Data, IJHRB, Vol.2, Num. 4, 2013.
5) Eastman chemical: Empire state building becomes more energy efficient than new construction（http://www.eastman.com/literature_center/a/ai_hm001.pdf 2015-05-05閲覧）
6) カーテンウォール熱貫流率計算法原案作成分科会：欧州調査出張報告、グリーン建材・設備製品に関する国際標準化・普及基盤構築事業・平成26年度報告書、pp. 付 516-563、（一社）日本建材・住宅設備産業協会・（一社）建材試験センター、2015.
7) Guardian Glass: Burj Dubai, the shining building（http://023app01.guardian.com/cs/groups/sunguardeurope/documents/web_content/gi_016032. pdf, 2015-05-05閲覧）
8) The Skyscraper Center, The global tall building database of the CTBUH.（http://skyscrapercenter.com 2015-05-05閲覧）
9) Wan, K.K.W., Chan, M.vand Cheng, V.S.Y.: Considerations of Sustainable High-rise Building Design in Different Climate Zones of China, IJHRB, 1-4, 301-310, 2012.
10) Foster+Partners: Commerzbank Headquarters Frankfurt, Germany (http://www.fosterandpartners.com/projects/commerzbank-headquarters/2015-05-05閲覧）
11) Foster+Partners: 30 St Mary Axe, London, UK (http://www.fosterandpartners.com/projects/30-st-mary-axe/2015-05-05閲覧）
12) Renzo Piano Building Workshop : London Bridge Tower (http://www.rpbw.com/project/58/london-bridge-tower/2015-05-05閲覧）

図表出典

図4、図5は Foster+Partners 公式HP
図6は Renzo Piano Building Workshop 公式HP

高層建築形態のタイポロジー

木下央・宮脇大地

はじめに

近年の超高層建築の意匠は多様化していると誰もが思うだろう。しかし具体的にいかなる「多様化」なのかを把握することは容易ではない。そこで本稿では単純な手順に従って超高層建築の細かい意匠を捨象した上で、その形態をいくつかの類型に分け、量的な把握によって浮かび上がる超高層建築の意匠に見られる傾向の一側面を分析することを試みる[1]。対象とするのは世界の主要17都市に建つ200m以上の建築438事例である。200m以上としたのは、より低層の事例は数が膨大で、かつ恣意的な形態も可能となり全体像の把握が困難であること、逆に200mを超えると様々な制約が増えるため、あえて特徴的な形態を選択する場合には強い計画的意図が存在すると考えられるからである[2]。

類型化の方法

本稿では、高層建築の形態が多数の床を反復的に積層することで形成されることに注目した。つまり高層建築の外観形態は二つの要素、平面の形状とその積層方法の掛け合わせによってその概略を記述できると考え、それぞれを縦軸、横軸に定め外観形態のマトリクスを作成した。さらにこのマトリクス上に分布する類型それぞれの年代的・地域的な傾向を読み取り形態的多様性の実態を把握することを試みた。なおこの際に評価するのは基本的に基準階平面の積層によって形成される胴部の形状であり、下部は敷地条件に強く制約を受けるため全体的な傾向を比較するには適さないため分析対象外とした。

平面形の分類

まず平面形を5種類に分類する［図1］。A矩形：正方形を含む長方形。角を削る等の若干の操作がなされたものも含む。B多角形：三角形や六角形などの多角形を基本とした形態。C曲線形：正円と楕円を基本とし、紡錘形等の曲線による単純な形態を含める。さらに、より複雑で単一の基本形に対する形態操作の結果としては定義困難な形状を、主として直線の構成からなるD直線不整形と、曲線からなるE曲線不整形の2種類に大別した。

積層方法の分類

次に積層方法を以下のように分類する［図2］。下層部から上層部まで同一形状の平面を積層させる事例をⅠ同形積層とする。次に平面形の輪郭が層によって異なる場合について見る。断続的に変化させながら（つまり段状に）積層させるものを断続変化とし、それらを更に平面形を変化させて積層するⅡ平面形断続変化、面積の異なる相似形の平面を積層するⅢ面積断続変化、垂直線に対して平面形を水平に移動もしくは回転して積層するⅣ位置断続変化の3種に分ける。同様にこれらの変化がファサードにおいて滑らかに連続しているものを連続変化とし、断続変化の3類型と同じようにⅤ平面形連続変化、Ⅵ面積連続変化、Ⅶ位置連続変化と定義する。これらに加えて上下層で図1に示す平面形の類型を跨ぐような変化をする場合はⅧ異形積層とした。

マトリクスから得られた類型と該当事例数

前記の5種類の平面形と8種類の積層方法をそれぞれ縦軸および横軸に取ってマトリクスを作成し、該当する事例数を記入した［表1］。可能性としては5×8＝40種類の類型があり得るが、該当する事例が存在したのはそのうち29種類である。それぞれに該当する事例数を見ると、明らかに多い類型と、少ない類型に偏りがあることがわかる。圧倒的に事例数が多いのは、平面形状としては矩形、積層方法としては同型積層であり総事例数の4分の1を超える。面積効率および構造合理性や施工上の効率性が追求された結果だろう。異形積層に該当する事例が比較的多いのは法規制によってセットバックが要求

	Ⅰ	Ⅱ	Ⅲ	Ⅳ	Ⅴ	Ⅵ	Ⅶ	Ⅷ	
A	120	27	11	3	17	33	1	27	239
B	15	4	0	0	0	5	0	9	33
C	2	2	0	0	1	5	0	0	10
D	58	17	0	0	3	2	1	2	83
E	34	9	3	0	14	11	1	1	73
	229	59	14	3	35	56	3	39	438

図1 平面形の定義　図2 積層方法の定義　表1 平面形と積層方法による形態マトリクス

される場合や造形的な意図があってあえて選択した形態である場合が混在していることによる。しかしいずれにせよ結果的には純粋な一つのヴォリュームとしては設計されていない造形である。該当事例数の少ない（5事例以下）類型は半数を超える15種も存在し、形態的差異を強く求める高層建築の特徴の一端を示している。年代ごとに類型数の変遷を見ると、200mを超える高層建築は1920年代に10棟余りが建設されたが類型は4種類に限られる。建設が途絶えた第二次大戦期間の後は建設数、類型数ともに緩やかに増えていく。しかし建設数が飛躍的に増える2000年代になっても類型数はさほど大きくは増えていない。1995～99年は建設総数28件だったのが2000～04年は74件とおよそ3倍に増えているが類型数は12種類から15種類にしかなっていない。その後も形態の類型数は建設数ほどの伸び率では増加しておらず「多様化」という印象とはややギャップがある。続けて類型ごとの特徴を見てみよう。

矩形・同形積層（A-Ⅰ）

矩形平面でかつ同形積層は総数で見ると2位の類型、直線不整形・同形積層の倍以上と圧倒的に該当事例数が多い。まさにインターナショナルな形態といえるだろう。年代的な変遷を見ても、建設総数の増加とともに事例数が増えている。各年代の総数に占める割合を見ると、1960年代は55％、70年代は66％を占めており非常に比率が大きいのが特徴であるが、その他の期間を見ると比率はつねに21％～29％の間で推移している。総数が飛躍的に増えた1995年以降でもその傾向に変わりはない。都市ごとの総事例数に占める比率を見ると、ニューヨーク、東京、広州、天津の比率が高く、約半数がこの類型となっている。逆に比率が著しく低いのがドーハであり、19事例中1事例しか存在しない。同じ中東で総事例数の多いドバイは約3割がこの類型で、ほぼ平均値である。

矩形・面積連続変化（A-Ⅶ）

矩形・面積連続変化は33事例あり事例数が多い。年代別に見ると、このうち24事例が2010年代に建設されており近年急増していることがわかる。これを地域別に見ると、ドーハが5事例でやや多いものの、母数が元々少ない都市を除くとどの都市でもまんべんなく見られる。1960～80年代の事例はチェイス・タワー［図3］（1974年、パーキンス＆ウィル設計、210m）や大成建設による安田火災海上本社ビル（1976年、200m）を含む5事例である。いずれも末広がりの安定した形態で均質な箱形の足元にわずかな操作を加えたものである。この後1990～2009年の間は該当する事例が極めて少なく、2010年代に入ってから急激に数が増える。近年の特徴的な例としては、深圳のKK100（2011年、TFPファレルズ設計、109頁）や香港のインターナショナル・コマース・センター（2010年、KPF設計、104頁）がある。興味深いのは60～80年代の事例がすべて末広がりに反っている形態であるのに対して、これらの近年の事例は大半が胴部の膨らむ「むくり」であることだろう。いずれの形態も各階平面の輪郭は矩形であるため平面計画としては比較的合理的で、なおかつ先細りの形態は遠近感を強調し、足元から見上げたときに迫力を感じさせることができる。また遠景としても垂直に建つ高層建築群との差異を強調でき、モニュメンタリティと合理性のバランスが取れた形態であることが事例の多い理由ではないだろうか。

曲線形・同形積層（C-Ⅰ）

曲線形に分類される平面形をもち、連続する二次曲面に覆われている抽象的な形態の高層建築は、分析対象である200m以上の事例に絞ると非常に稀である。曲線形・同形積層に該当する事例はホープウェル・センター（1981年、WMKY設計、106頁）と8シェントン・ウェイ（1986年、アーキテクト61設計、234.7m）の2事例のみでいずれも開口部と壁面が明確に分節され表層は滑らかではない。

曲線形・連続変化積層（C-Ⅴ、Ⅵ）

平面形で曲線の輪郭をもち、かつ層ごとに違う平面が積層される複雑な形態である。該当する事例が6事例と少なく傾向は読み取りにくいが、曲線形・同形積層の2事例よりは多く、強い造形的意図があると思われる。2000年代以降に平面形連続変化1事例、面積連続変化5事例が建設されている。これらは地域を見ると、ドー

	A								B				C				D						E							
	Ⅰ	Ⅵ	Ⅷ	Ⅱ	Ⅴ	Ⅲ	Ⅳ	Ⅶ	Ⅰ	Ⅷ	Ⅵ	Ⅱ	Ⅵ	Ⅱ	Ⅰ	Ⅴ	Ⅰ	Ⅱ	Ⅴ	Ⅷ	Ⅵ	Ⅶ	Ⅰ	Ⅴ	Ⅵ	Ⅱ	Ⅲ	Ⅶ	Ⅷ	
1900–	1					1																								2
1920–	1		6	2																										9
1940–																														0
1950–				1																										2
1960–	5	2		1																										9
1970–	14	2		2	1							1																		21
1980–	6	1		3		1		3					1					2						2						19
1990–	7			2	3	1			1						1	5			1				2							23
1995–	6	1		4	1	1			2	1	1				4								3	1		1	2			28
2000–	16		4	2	4	1	1	1	5		3		1		22	2							11	1		1		1		74
2005–	32	3	3	7	3			1		2		1	3	2	2				21	4			13	4	4	1	1	1		109
2010–	32	24	11	4	11	6	2	2		4		2	1		10	3	2		2				5	8	6	3			1	142
	120	33	27	27	17	11	3		15	9	5	5	2		58	17	3	2	2			1	34	14	11	9	3	1	1	438

表2　類型ごとの該当事例数（年代順）

ハに3事例、ドバイに2事例、クアラルンプールに1事例である。ドバイのパークタワー1、2［図4］（2011年、ゲンスラー設計、215m）は胴部が滑らかに膨らんだやや扁平な卵型ツウィン・タワーである。

曲線不整形・同形積層（E-I）

90年代に最初の事例が見られ、2000年の12事例をピークに減っている類型である。初期の事例としては北京のジン・グアン・センター（1990年、日本設計、208m、127頁）が該当するが比較的シンプルな形状である。近年では襞状の外壁が垂直に立ち上がるアブダビのドメイン（2013年、フォスター設計、93頁）がある。

曲線不整形・連続変化（E-V～Ⅶ）

曲線不整形でかつ積層方法が連続変化のいずれかに該当する事例は26事例存在する。年代順に見ると2000年以前に1事例、2000～04年に2事例、2005～10年に7事例、そして2010年以降に16事例と、年を追うごとに急激に増えている。都市別ではドバイにやはり多いが、その他の都市では比較的偏りが少ない[3]。不整形な平面形は機能性や建設コストなどを考慮すると合理性は乏しいだろう。しかし外観としては、近景では上昇感や躍動感を感じさせ、遠景では建ち並ぶ高層建築の中で差異が際立つ形態となり得る。つまり差異化という観点に限ると合目的的であり、内部における合理性と外観における差異性の追求が乖離した特徴的な類型といえるだろう。

直線不整形・断続変化（D-Ⅱ～Ⅳ）

平面形断続変化は15事例存在し総数では連続変化よりも多い。滑らかに表層が連続するワンヴォリュームの形態の対極にあり、ファサードを分節することによって複数のヴォリュームを組み合わせた形態として表現されているものが該当する。バーテルスマン・ビルディング（1990年、SOM設計、223.3m）や丹下健三都市建築設計研究所設計の新宿パークタワー（1994年、235m）等である。1990年代に多く見られたが、その後は事例が少ない。

直線不整形・連続変化（D-V～Ⅶ）

直線不整形・平面形連続変化は3事例しか存在せず、すべて2010年以降のものである。パリのファースト・タワー（2013年、KPF設計、73頁）や深圳のAVIC・プラザ（2012年、SOM設計、110頁）、そしてモスクワのマーキュリーシティ・タワー（2013年、M.ポソーヒン設計、79頁）であり、鋭角のヴォリュームが噛み合った形状が特徴である。面積連続変化はロンドンのザ・シャード（2013年、レンゾ・ピアノ設計、11頁）と天津の天津環球金融中心［図5］（2011年、SOM設計、336.9m）が該当する。位置連続変化はオーシャン・ハイツ（2010年、アエダス設計、91頁）の1事例のみである。

類型と用途

用途との関係で総数の多い類型を見ると、オフィス用途では矩形・同形積層が総数の約4割を占め、日照や通風が必要とされる居住用途やホテルでは凹凸の多い不整形の同形積層がやはり4割と多い。一方大多数を占めるこれらの事例とは別に、事例数の少ない特殊な類型に注目すると、居住用途にも連続曲面によって外観が構成されるものがある。曲線形・面積連続変化積層のパークタワー1、2（既出）や、ともに連続位置変化でねじれた形態のケヤン・タワー［図6］（2013年、SOM設計）とオーシャン・ハイツ（既出）も居住用途である。このような特殊な形態をもつ高層建築では、用途はむしろ形態に従属した設計条件となっているとすらいえるだろう。

高さとデザイン

高さと類型の関係を見ると200～219mで6割以上、220～249mで5割以上が同形積層である。しかし250～299mでは4割強、300～349mでは2割強と高くなるに従い同形積層は減っていく。350m以上は4割弱が同形積層でやや増える。高さが増すと総事例数が減るにも関わらず形態的な偏りは減り類型の分布はむしろばらついてくる。建設総数に対して該当する類型の数を見るとむしろ多様化していることがわかる。これは高くなればなるほどランドマークとしての存在価値が重視されるために他との差異が必要とされるからだろう。超高層建

	A								B				C			D					E							計
	I	VI	VIII	II	V	III	IV	VII	I	VIII	VI	II	II	I	V	I	II	VIII	VI	VII	I	V	VI	II	III	VII	VIII	
パリ	1																	1									2	
ロンドン	4																			1								5
北京	2	1	2											1							1							7
モスクワ				2	1	2		2				1						1			1							10
天津	7											2				1			1									11
クアラルンプール	4			1						1				1	1	1	1				2	1	1		2			15
広州	7	2		1					2				1								1	1	1					16
アブダビ	3	3		1									2		1						2		6					18
ドーハ	1	5	2		1							2		3								2	1			1		19
東京	10	2	1		1				1							2					3	1	1					22
シンガポール	5	4	3	2	4							1			1	1	2				1	2						26
シカゴ	8	3	2	3	1	3								1							1		3					27
深セン	6	2	1	4	3	1								2		2	1				5	1						29
上海	14	6	4	3	3		1		1		2	3			1	1					4		1			1		44
ニューヨーク	25	1		9	4	3			2		1					3					6	1				1		56
ドバイ	17	3		2	1	3			5			1		5		3		1			5	4	1	5	1			61
香港	6	1	1		1				3						1	45	4	1			7							70
	120	33	27	22	17	11	3	3	15	6	5	2	2	2	2	1	58	17	3	2	2	2	34	14	11	6	9	3	1	438

表3 類型ごとの該当事例数（都市別）

築では、高層化するに従って構造や設備、エレベーターシャフトの占める面積が増えてしまい面積効率は低下する傾向がある。つまり高さへの強い要求という点からもモニュメンタリティが効率より優先されていることが推測される。より高い建築への要求と外観におけるオリジナリティへの要求は一致するといえるだろう。

類型数の変遷

近年高層建築の建設数が劇的に増えているのに対して類型数はそれほど大きくは増えていない。にも関わらず多様化しているという印象を受けるのは、都市の中に既存の高層建築と新しい類型の高層建築が混在していることによるだろう。年代ごとの類型総数がさほど増えていないことと、新しく生まれた類型が一定数存在することは、高層建築の形態が必ずしも差異化を競って拡散的に多様化しているわけではなく一定の傾向をもちつつ、その主流が変化していることを示している。では事例数の増えた類型と減った類型はどのようなものだろうか。

まず積層方法のみに注目しよう。同形積層は、全体数に占める割合が年代によってばらついているものの、建設総数が飛躍的に増えた2000～04年に74％と極めて高い比率を占めていた。しかし2005～09年の期間では63％とやや減り、2010年以降では38％と半分を大きく下回っている。さらに平面形を合わせて見ると同形積層の中でも直線不整形および曲線不整形という複雑な平面形状のものが特に減っている。前者は香港に偏在する類型なので一般化しにくいが、後者は2000年代に急増し、ほぼすべての都市に見られる類型であるため興味深い現象といえるだろう。

同形積層に代わって増えているのは連続変化積層である。連続変化積層は表層の分節を減らすことが意図された形態といえるが、初期の事例は矩形・面積連続変化のみである。連続変化積層は2000～04年に3事例、2005～09年に18事例、2010～2014年に63事例と総数91事例のうち約9割を占める81事例がこの10年間に建設されている。これを総数に占める比率で見ると2000～04年はほんの4％に過ぎなかったのが、2005～09年の期間では16％、さらに2010年以降を見ると44％を占めるまでになっており、同形積層の減少分を補うように増加している。連続変化積層の中でも2010年代に急激に増えている類型は、矩形の平面形連続変化および面積連続変化、曲線不整形の平面形連続変化および面積連続変化である。また2010年代になって初めて該当する事例が見られるようになった類型は6種類も存在するが、現段階ではいずれも1～3事例のみで、特殊解的な類型の増加が見て取れる。

最後に

これまでの分析で高層建築の形態の複雑な変容の過程を見てきた。この変化の要因として、情報技術の高度化に伴って平面計画の自由度が増したことや様々な建設技術の進歩を指摘することは可能だろう。しかしこういった技術的発展のみでは形態的変遷のすべてを説明することは難しい。むしろ本稿で示した形態の変遷から浮かび上がってくるのは、技術や計画的合理性とは乖離した要求の存在であり、逆にその要求が技術開発を促しているという事実だろう。初期の高層建築が建設されたときから、高層建築は経済的な効率性のみならず、都市の中で資本家の求める象徴的な役割を担ってきた。近年のグローバルな資本は地域との関係が希薄になり、もはや実態として見ることは不可能だが、スカイスクレイパーの多様な形態の展開はその一側面を可視化しているのではないだろうか。［A.K.＋T.M.］

注釈

1）本稿は宮脇大地による「高層建築の外観デザインに関する分析－世界の主要都市における高さ200m以上の事例を対象として－」、首都大学東京大学院建築学域修士論文、2014年3月を元に木下が加筆修正したものである。
2）執筆に当たり利用したのはCTBUH、Emporis、Skyscraper Pageのオンラインデータベースおよび現地調査で得られた情報である。2013年末までに得られた該当事例すべてを対象とした。なおCTBUHによると150m超えの高層建築は2015年5月時点で3268棟存在する。
3）アブダビに多いのはエティハド・タワーズの5本の連棟（80頁）によるものでやや特殊な理由による。

図3　チェイス・タワー

図4　パーク・タワー1、2

図5　天津環球金融中心

図6　ケヤン・タワー

III. 世界の都市と高層建築

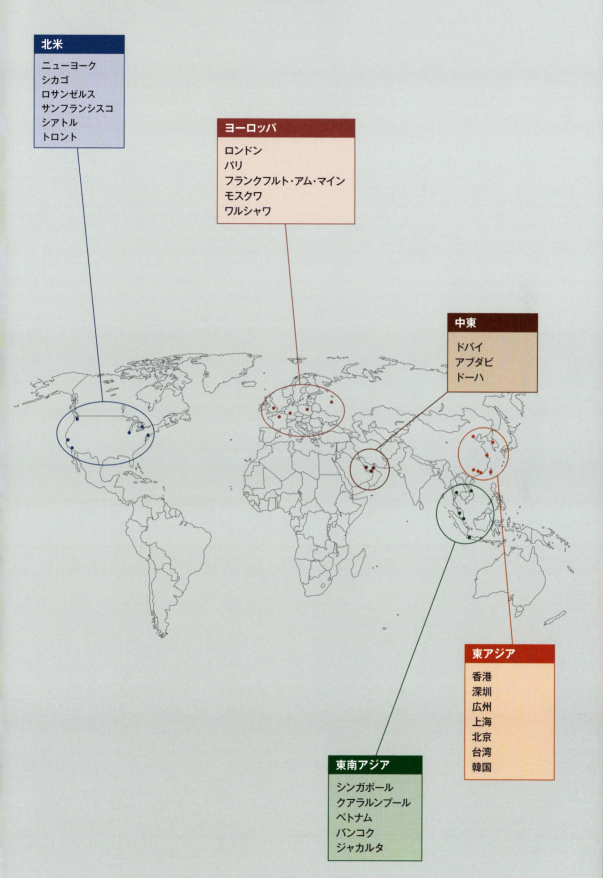

ニューヨーク | 高層文明の冒険と歴史が堆積する都市
New York

ロックフェラー・センター内GEビル（旧RCAビル）頂部にある展望台「トップ・オブ・ザ・ロック」から、南側のミッドタウン越しにロウアー・マンハッタンのワン・ワールドトレード・センター（2014年、SOM設計、541m）を遠望する。中央に約半世紀にわたり世界で最も高い建築であったエムパイア・ステート・ビル（1931年、シュリーヴ・ラム＆ハーモン設計、381m）、その右にバンク・オブ・アメリカ・タワー（2009年、クック＋フォックス・アーキテクツ設計、366m）、右端にニューヨークタイムズ・タワー（2007年、レンゾ・ピアノ設計、319m）が見える

　ニューヨークは20世紀の高層建築を主導した都市であり、現在でも高層建築の建設が極めて盛んである。中東やアジア諸都市で高層建築ラッシュが生じた現在でも、150mを超える高層数は約240棟であり、香港に次いで世界2位である。今世紀に入ってから、2001年9月11日の同時多発テロ事件、2008年9月のリーマン・ショックを経験したが、この10年間に250mを超える高層建築が6棟竣工し、なお4棟が建設中である。そして、何よりニューヨークの重要性は、大きな話題を呼ぶ高層建築を生みだし続けてきたことにある。

　同時多発テロの犠牲となった旧ワールドトレード・センター跡地は、その後コンペで選ばれた4棟案をベースにしながら、ダニエル・リベスキンドのフリーダム・タワー案はSOM案に修正されるなどの紆余曲折を経て、ワン・ワールドトレード・センター（2014年、SOM設計、541m）と4ワールドトレード・センター（2014年、槇文彦設計、298m）が竣工し、その足元の公園の整備および9.11メモリアル・ミュージアムも完成した。ワン・ワールドトレード・センターの541mという高さは世界3番目の高さとなり、ロウアー・マンハッタンのスカイラインも大きく変わりつつある。

　ワールドトレード・センターに加えて、著名建築家による高層建築が増えつつあるという点も顕著な傾向であろう。1、2年のうちには、ニューヨークの高さ上位の高層建築は、半分近くが組織設計事務所ではなく、建築家設計の作品になる。2位はラファエル・ヴィニョーリ設計の432パーク・アヴェニュー（2015年竣工予定、426m）、6位はレンゾ・ピアノ設計のニューヨークタイムズ・タワー（2007年、319m）、7位がクリスチャン・ド・ポルザンパルク設計のワン57（2014年、306m）、8位が槇文彦設計の4ワールドトレード・センター、14位がフランク・O.ゲーリー設計の8スプルース・ストリート（2011年、265m）、17位にヘルツォーク＆ド・ムーロンの56レオナルド・ストリート（2016年竣工予定、250m）という具合である。

　こうした著名建築家による高層建築の中でも、ゲーリーの高層集合住宅8スプルース・ストリートは、ロウアー・マンハッタンの市庁舎広場の近くに建ち、襞のような曲面で表面を覆った外観が独特であり、ニューヨークの新たなランドマークとなっている。ピアノのニューヨークタイムズ・タワーは、猥雑なタイムズ・スクウェアにあって、その清楚な外観とゆったりとした公共ロビーが清涼剤のような役割を果たしている。ヴィニョーリとポルザンパルクの高層は、いずれも居住系施設が入り、ミッドタウンにおける細い塔として、目立っている。

　環境配慮や省エネルギーも高層建築

北米／North America

海から見る自由の女神とロウアー・マンハッタンのシルエット

「トップ・オブ・ザ・ロック」から、北側のミッドタウンとセントラル・パークを眺望する。右端の細い塔が432パーク・アヴェニュー（2015年竣工予定、ラファエル・ヴィニョーリ設計、426m）、その左下にソニー・タワー（旧AT&Tビル、1983年、フィリップ・ジョンソン設計、197m）が見える。左端はワン57（2014年、クリスチャン・ド・ポルザンパルク設計、306m）。これら細い2棟によって、ミッドタウンのシルエットは大きく変わった

デザインの一つの大きなポイントになりつつある。バンク・オブ・アメリカ・タワー（2009年、クック＋フォックス・アーキテクツ設計、366m）は、省エネルギーに対する配慮と同時にオフィスワーカーに対する快適な室内環境を生みだす配慮によって、LEEDのプラチナ認定を受けている。近年の高層建築では、こうした環境配慮も不可欠な要素である。

エムパイア・ステート・ビルが近年に、窓ガラスの交換、空調機交換、照明方式の改善など大掛かりな省エネ改修工事を行って、高層建築の省エネ改修に大きな影響を投げかけた。ニューヨークは、高層建築の歴史をもつが故に、高層建築のリノベーションやコンバージョンという大きな課題に対しても主導的な役割を果たすことになろう。[K.K.]

ニューヨークにおける高さランキング上位20（高さはm、グレイは今世紀竣工、青は建設中）

順位	建物名	高さ	竣工年	用途	設計者
1	ワン・ワールドトレード・センター	541	2014	オフィス	SOM
2	432パーク・アヴェニュー	426	2015（予定）	集合住宅	ラファエル・ヴィニョーリ
3	エムパイア・ステート・ビル	381	1931	オフィス	シュリーヴ・ラム＆ハーモン
4	バンク・オブ・アメリカ・タワー	366	2009	オフィス	クック＋フォックス・アーキテクツ
5	クライスラー・ビル	319	1930	オフィス	ウィリアム・ヴァン・アレン
6	ニューヨークタイムズ・タワー	319	2007	オフィス	FXFOWLE、レンゾ・ピアノ
7	ワン57	306	2014	集合住宅・ホテル	クリスチャン・ド・ポルザンパルク
8	4ワールドトレード・センター	298	2014	オフィス	槇文彦
9	70パイン・ストリート	290	1932 2014（改修）	集合住宅・ホテル	クリントン＆ラッセル、ステファン・B.ジェイコブズ・グループ
10	フォーシーズンス・ホテル＆レジデンス	286	2016（予定）	集合住宅・ホテル	ロバート・A.M.スターン
11	トランプ・タワー（旧40ウォール・ストリート）	283	1930	オフィス	H.クレイグ・セヴァランス
12	シティグループ・センター	279	1977	オフィス	エミリ・ロス＆サンズ、H.スタビンス
13	10ハドソン・ヤード	273	2016（予定）	オフィス	KPF
14	8スプルース・ストリート	265	2011	集合住宅	フランク・O.ゲーリー
15	トランプ・ワールド・タワー	262	2001	集合住宅	コスタス・コンディリス・デザイン
16	GEビル（旧RCAビル）	259	1933	オフィス	レイモンド・フッド他
17	56レオナルド・ストリート	250	2016（予定）	集合住宅	ヘルツォーク＆ド・ムーロン
18	シティスパイアー	248	1987	集合住宅・ホテル	マーフィ／ヤーン
19	ワン・チェイスマンハッタン・プラザ	248	1961	オフィス	SOM
20	4タイムズ・スクウェア	247	1999	オフィス	フォックス＆フォウル

ワン・ワールドトレード・センター（2014年、SOM設計、541m）。ドバイのブルジュ・ハリファ（2010年、SOM設計、828m）およびメッカのメッカ・ロイヤル・ホテル・クロック・タワー（2012年、601m）に次ぐ、世界3番目の高さである。独立年である1776年にちなんで、1776ft（約541m）に決められた。曇天時には雲が映り込み、晴天時とは異なる印象を与える（10頁参照）。足元の公園では、旧ワールドトレード・センターのフットプリントが二つの水面を形成する。カスケード右上に、9.11メモリアル・ミュージアムの上屋が見える

4ワールドトレード・センター（2014年、槇文彦設計、298m）

9.11メモリアル・ミュージアムの内部。エントランス（上）には旧ワールドトレード・センターの痛んだ柱が展示され、地下の展示空間は同時多発テロ後に廃材撤去のために総掘りを行った大空間および地中擁壁を見せている

上：8スプルース・ストリート（2011年、フランク・O.ゲーリー設計、265m）。襞のような曲面で表面を覆った独特の外観は、「ニューヨーク・バイ・ゲーリー」というニックネームで、新たなランドマークとなっている（9頁も参照）

下左：建設中のノーマン・フォスター棟とレンゾ・ピアノ棟の完成後のWTCの予想図

下：ブルックリン側から見るロウアー・マンハッタンの眺め。ワン・ワールドトレード・センターと8スプルース・ストリートによって、スカイラインも大きく変わった

エムパイア・ステート・ビルの展望台から北側を望む。左端にニューヨークタイムズ・タワー、中央から右に向かってバンク・オブ・アメリカ・タワー、遠方のワン57、ロックフェラー・センター、さらに右に432パーク・アヴェニューが見える

バンク・オブ・アメリカ・タワー（2009年、クック＋フォックス・アーキテクツ設計、366m）。面取りをしたヴォリュームの外観デザイン手法と良好な環境配慮によっても注目を浴びた高層建築

ニューヨークタイムズ・タワー（2007年、レンゾ・ピアノ設計、319m）。軽快なルーバーに覆われた清楚な外観とゆったりとした公共ロビーが、猥雑なタイムズ・スクウェア近辺にあって、清涼剤のような役割を果たしている

ワン57（2014年、クリスチャン・ド・ポルザンパルク設計、306m）は、ミッドタウンに立ちあがる細い塔である。緩やかな曲面頂部と細かい曲面が連続する低層部外壁が特徴的である

ハースト・タワー（2006年、ノーマン・フォスター設計、182m）は、低層部にはランドマークにも指定されているアールデコ様式建築の外壁を残し、またラティス状の構造体を外壁に表現していることで、独特の高層建築の一つとなっている。内部のアトリウム空間では水を使った大胆な演出を実現している

タイム・ワーナー・センター（2004年、SOM設計、228m）。外観および内部。セントラル・パーク南西角にあるコロンバス・サークルに面するため、低層部は曲面とし塔部はセントラル・パーク西側に多く見られたツウィンタワーの伝統を踏襲する

トランプ・ワールド・タワー（2001年、コスタス・コンディリス・デザイン、262m）。イースト・リバーに面して建つ高層集合住宅。モダニズムのシンプル・デザインが踏襲されている

ブルームバーグ・タワー（2004年、シーザー・ペリ設計、246m）。街路に連続性を生みだす低層部＋塔という構成は、ワールド・ファイナンシャル・センター（1986年、シーザー・ペリ設計、163頁）を想起させる

カーネギー・ホール・タワー（1991年、シーザー・ペリ設計、231m）。有名な音楽ホールに隣接しているため、歴史的建築の雰囲気を湛えたデザインとなっている。左に見えるワン57が対照的である

56レオナルド・ストリート（2016年竣工予定、ヘルツォーク＆ド・ムーロン設計、250m）。この集合住宅は現時点では躯体工事中であり、そのぼこぼこと突出したヴォリュームの工事が大変そうである

シーグラム・ビル（1958年、ミース・ファン・デル・ローエ＋フィリップ・ジョンソン設計、157m）。モダニズム高層建築名作の外観と低層部

クライスラー・ビル（1930年、ウィリアム・ヴァン・アレン設計、319m）。アールデコ高層建築名作の頂部、エントランス・ロビー、エントランス周りの装飾

シカゴ | モダニズムの精神が満ちる高層都市
Chicago

　シカゴは、20世紀の高層建築をニューヨークとともに発展させた、高層史にとって重要な都市である。耐火被覆を伴った鉄骨造高層建築は、1871年のシカゴの大火の反省を経て、1880年代のシカゴ派の建築家たちによって開拓された。20世紀後半、鉄骨とガラスの高層建築は、ミース・ファン・デル・ローエ設計による1951年のレイクショア・ドライブ・アパートで初めて実現し、1960年代末から1970年代にかけての高さの探求という点では、ジョン・ハンコック・センター（1969年、SOM設計、344m）、エイオン・センター（1973年、エドワード・ダレル・ストーン設計、346m）およびウィリス・タワー（旧シアーズ・タワー、1974年、SOM設計、442m）が大きな役割を担った。ウィリス・タワーの高さは、1998年にクワラルンプールのペトロナス・ツウィンタワー（シーザー・ペリ設計）の452mに凌駕されるまで世界一であり続けた。

　シカゴでは、現在も高層建築の建設が盛んである。現時点では、150m以上が約100棟あり、その3分の1は、今世紀になってからの竣工である。また、約30棟の200m以上の事例のうち、約半分弱は今世紀の竣工である。高さに関して、ウィリス・タワーを超える計画があったが実現せず、300mを超えるスーパートールは、トランプ・インターナショナル・ホテル＆タワー（2009年、SOM設計、423m）がシカゴ市内2番目の高さになった以外には建設されておらず、全体として高さ競争という現象はなくなっている。

　地域的に見ると、20世紀には、ウィリス・タワーが建つループ内とジョン・ハンコック・センターが建つシカゴ川北側の北ミシガン・アヴェニュー沿いが多かったが、今世紀になると、シカゴ川沿いのよりミシガン湖に近い地区、あるいはグラント・パーク南側の地区での建設も増えている。用途に関しては、20世紀の高層建築はオフィス・ビルが主であったのに対し、今世紀の高層建築は、集合住宅やホテルなどの居住系の施設が多いという傾向がある。デザイン的には、シカゴ派からモダニズムの高層建築の伝統であった比較的単純な箱型で色調も灰色や黒色を基調とした重厚なデザインは、今世紀になるとより多様な形態あるいは明るい色彩に変わりつつある。

　こうした動向を示す二つの近年の例を見てみよう。シカゴ川北側に面するトランプ・インターナショナル・ホテル＆タワーは、ウィリス・タワー同様やや不規則な段状セットバックの形態であるが、ヴォリュームの角を丸めることによって、デザイン的には柔らかな表情を生みだしている。このシカゴで2番目の高さの高層が、中心部にできることによって、都市のシルエットは大きく変化した。

　アクア（2009年、ジーン・ギャング設計、262m）は、若手女性建築家がデザインを担当し、層状の岸壁をイメージ源とする、連続的に変化する曲面平面をもつバルコニーによって、これまでにない高層建築のイメージを実現した例である。各居住ユニットから互いのバルコニーが見えるという問題は生じるかもしれないが、バルコニーの操作によって高層建築の堅いイメージを一新したという点は画期的である。[K.K.]

シカゴにおける高さ20位までの高層建築（高さ表示はm、グレイのトーンは2000年以降の竣工）

順位	建物名	高さ	竣工年	用途	設計者
1	ウィリス・タワー	442	1974	オフィス	SOM
2	トランプ・インターナショナル・ホテル＆タワー	423	2009	集合住宅・ホテル	SOM
3	エイオン・センター	346	1973	オフィス	エドワード・ダレル・ストーン
4	ジョン・ハンコック・センター	344	1969	集合住宅・オフィス	SOM
5	フランクリン・センター北棟	307	1989	オフィス	SOM
6	2 プルーデンシャル・プラザ	303	1990	オフィス	ロブル・シュロスマン・ダート＆ハクル
7	311 サウス・ワッカー・ドライブ	293	1990	オフィス	KPF
8	900 ノース・ミシガン・アヴェニュー	265	1989	集合住宅・オフィス・ホテル	KPF
9	ウォーター・タワー・プラザ	262	1976	集合住宅・ホテル	C.F.マーフィー
10	アクア	262	2009	集合住宅・ホテル	ジーン・ギャング
11	チェイス・タワー	259	1969	オフィス	C.F.マーフィー
12	パーク・タワー	257	2000	集合住宅・ホテル	ルシアン・ラグランジェ・アーキテクト
13	ザ・レガシイ・アット・ミレニアム・パーク	249	2010	集合住宅	ソロモン・コードウェル・ブエンツ
14	300 ノース・ラサール	239	2009	オフィス	ピカード・チルトン
15	ファースト・ナショナル・プラザ	234	1981	オフィス	SOM
16	シカゴ・タイトル＆トラスト・タワー	230	1992	オフィス	KPF
17	ブルー・クロス・ブルー・シールド	227	2010	オフィス	ゴーツ・バートナーズ
18	オリンピア・センター	223	1986	集合住宅・オフィス	SOM
19	ワン・ミュージアム・パーク	221	2009	集合住宅	ババジョージ・ハヴメス・バートナーズ
20	AMA プラザ	212	1972 2013（改修）	オフィス・ホテル	C.F.マーフィー

左：ウィリス・タワーの展望台から北東を見る。ミシガン湖を背景にひときわ目立つ高層は左からジョン・ハンコック・センター、トランプ・インターナショナル・ホテル＆タワー、エイオン・センター

下：ジョン・ハンコック・センターの展望台から南を見る。ひときわ目立つ高層は左からエイオン・センター、トランプ・インターナショナル・ホテル＆タワー、ウィリス・タワー

ミシガン湖沿い南にあるグラント・パークからシカゴ中心部を見る。目立つ高層は左からウィリス・タワー、ザ・レガシイ・アット・ミレニアム・パーク、トランプ・インターナショナル・ホテル＆タワー、2ブルーデンシャル・プラザ、エイオン・センター

ウィリス・タワー（旧シアーズ・タワー、1974年、SOM設計、442m）、外観とエントランス・ホール。20年以上にわたり世界一の高さを誇った

トランプ・インターナショナル・ホテル＆タワー（2009年、SOM設計、423m）外観と低層部。シカゴ第2位の高さ。シカゴ川との連続的な空間を生みだす。低層階から商業施設、駐車場、ホテル（339室）、マンション（486世帯）という複合施設である

ジョン・ハンコック・センター（1969年、SOM設計、344m）。外観と足元のサンクン・プラザ。シカゴ第4位の高さであり、長年シカゴ川北側地区のシンボル的存在であり続けている

ザ・レガシイ・アット・ミレニアム・パーク（2010年、ソロモン・コードウェル・ブエンツ設計、249m）。ミレニアム・パークに面して建ち、青色の細長いヴォリュームが目立つ

ワン・ミュージアム・パーク（2009年、パパジョージ・ハウメス・パートナーズ設計、221m）。ミシガン湖沿い、グラント・パークの南側に建ち、高層地区の拡張を如実に示す

ミレニアム・パークから北を見る。中央がエイオン・センター（1973年、エドワード・ダレル・ストーン設計、346m）、その左に2ブルーデンシャル・プラザ（1990年、ロブル・シュロスマン・ダート＆ハクル、303m）の特徴的な頂部、右にはブルー・クロス・ブルー・シールド（2010年、ゴーツ・パートナーズ設計、227m）。左のパブリックアートは、インド出身の彫刻家アニッシュ・カプーアによる「クラウド・ゲート」という作品で、独特の曲面にシカゴのスカイラインが歪んで映しだされる

シカゴ川沿いに西を見る。右に有名なマリーナ・シティ（1964年、バートランド・ゴールドバーグ設計、171m）のツウィンタワー、その奥に300ノース・ラサール（2009年、ピカード・チルトン設計、239m）が見える

アクアの近景および外壁

シカゴ川沿いをさらに河口近くから西を見る。左にアクア、右にトランプ・インターナショナル・ホテル＆タワーが見える

アクア（2009年、ジーン・ギャング設計、262m）の全景。1階から18階まではホテルおよび小売店と事務所用のスペース、19階から52階は476室の賃貸住居、53階から81階まではコンドミニアムおよびペントハウスという複合施設である

ロサンゼルス
スプロール都市の高層ダウンタウン
Los Angels

ダウンタウン中心部を見上げる。中央がUSバンク・タワー（1990年、ヘンリー・N.コブ設計、310m）、その右がガス・カンパニー・タワー（1991年、SOM設計、228m）

ロサンゼルス現代美術館前から、ダウンタウン北側地区を見上げる。左にカリフォルニア・プラザの2棟（1992年、アーサー・エリクソン設計、229m）が見える

　ロサンゼルスのダウンタウンの高層風景はイメージしにくいが、この都市には150m以上の高層建築が約25棟存在する。この数は、アメリカ国内ではニューヨーク、シカゴ、マイアミ、ヒューストンに次ぎ、5番目である。しかし、その多くは、1970年代から1990年代に建てられた。最も高いのは、USバンク・タワー（1990年、310m）であるが、現在、郊外により高い高層が建設中である。ダウンタウン近辺において、2000年を過ぎてから竣工した150m以上の高層建築は、わずか1棟LAリッツ・カールトン・ホテル＆コンドミニアム（2010年、203m）であり、その意味ではロサンゼルスは20世紀の最後の四半世紀に発展した高層都市の典

ロサンゼルス公共図書館（1928年、バートラム・グッドヒュー設計）。右後ろがLAで2番目に高いエイオン・センター（1974年、チャールズ・ラックマン設計、262m）

ロサンゼルス市庁舎（1928年、ジョン・パーキンソン設計、138m）

LAリッツ・カールトン・ホテル＆コンドミニアム（2010年、ゲンスラー設計、203m）の頂部

サンフランシスコ | 近年の再開発で高層化が再燃
San Francisco

ダウンタウン北側にあるコイト・タワー展望台からダウンタウンを見渡す。中央右がサンフランシスコで最も高いトランスアメリカ・ピラミッド（1972年、ウィリアム・L.ペレイラ設計、260m）、その右が2番目に高い555カリフォルニア・ストリート（1969年、SOM設計、237m）。ウォーターフロントの再開発地区は高層建築群の向こう側に位置する

トランスアメリカ・ピラミッド

型といえるだろう。

高層建築群の中にあって、ロサンゼルス市庁舎（1928年）、ロサンゼルス公共図書館（1928年）などのアールデコ様式の秀作が威容を保ち、ダウンタウンの北西部ではロサンゼルス現代美術館（通称MOCA、1988年、磯崎新設計）、ウォルト・ディズニー・コンサート・ホール（2003年、フランク・O.ゲーリー設計）などの現代建築と高層が共存する都市景観が生まれている。

サンフランシスコは、150m以上の高層建築数で見ると、国内ではロサンゼルスに続きボストン、アトランタ、ダラス等の諸都市とほぼ同じ数で並ぶ。建設年代では、サンフランシスコでは1920年代にすでに120mを超える高層建築が建てられ、20世紀後半にロサンゼルスにやや先行する形で、1960年代後半から80年代にかけて竣工した高層建築が大半である。現在最も高い高層はトランスアメリカ・ピラミッド（1972年、260m）であり、1990年代、2000年代に竣工した高層は少ない。しかしながら、ここ数年、マーケットストリートの南側ウォーターフロント地区の再開発の進行に伴い、再び多くの高層建築建設が進行しつつある。特に、この地区に計画され2017年竣工予定のセールスフォース・タワーの326mが実現すると、サンフランシスコの高層建築の歴史と高さと都市景観は大きく変化することになる。［K.K.］

マーケットストリートの南側ウォーターフロント地区の再開発

セールスフォース・タワー（2017年竣工予定、ペリ・クラーク・ペリ設計、326m）

シアトル │ 緩い傾斜地の高層群が生む重層的光景
Seattle

　シアトルには150m以上の高層建築14棟があり、アメリカ国内ではサンフランシスコ、ボストン、アトランタ、ダラス等の諸都市の次に位置する。建設年代で見ると、1914年に竣工したスミス・タワーが今日でもランドマークの一つになっているなど、高層化の歴史は古い。また、1962年にはシアトルでの万国博覧会に際して、展望塔としてスペース・ニードルが建設された。その184mという高さは、1962年の時点では、北米西半分では、最も高い高さであり、西海岸の高さの象徴ともなった。高さ150mを超える高層建築のほとんどは、1970年代から80年代に建てられており、シアトルで最も高い高層建築は、1984年に建てられたコロンビア・センター（チェスター・リンドセイ・アーキテクツ設計、284m）である。また、ミノル・ヤマサキ設計のレイニア・タワー（1977年、157m）は、独特の構造形式をもつ高層建築として、今でも異彩を放っている。2000年以降も100mを超える高層建築が建てられているが、数は10棟に満たず、その多くは集合住宅であり、1970年代から80年代の高層建築の多くがオフィス・ビルであることと対照的である。[K.K.]

スミス・タワーの展望台からシアトル中心部を見渡す。右にコロンビア・センター、左が海になる。東側が少し高くなっている地形がわかる

海から見るシアトルのシルエット。市街地から海に向かって緩く傾斜する地形であり、海沿いに南北に伸びる市街地の高層群が重層して見えるため、海から見るシアトルは高層都市のイメージが実際以上に強い。右端にスミス・タワー、少し左の黒い高層がコロンビア・センター、その左が1201サード・アヴェニュー・タワー、中央に2ユニオン・スクエアー。左にスペース・ニードルが見える

スミス・タワー（1914年、ガッギン＆ガッギン設計、141m）

スペース・ニードル（1962年、184m）

レイニア・タワー（1977年、ミノル・ヤマサキ設計、157m）

トロント | 箱型高層建築からの脱却が進む
Toronto

　トロントは、カナダの中では最も高層化が進んだ都市であり、150m以上の高さの高層建築の数では世界で約20番目に位置する。さらに、電波塔であるCNタワー（1976年）の553mという高さは、2007年にブルジュ・ハリファに抜かれるまで、自立型の高層建築物としては30年以上にわたって世界一の高さであり、現在でも電波塔としては東京スカイツリー（634m）と広州タワー（600m、114頁）に次いで世界で3番目の高さを誇っている。

　高層建築の発展に対する貢献も早い時期から始まっている。1958年、トロント市庁の国際コンペが開催され、フィンランドの建築家V.レヴェルの案が当選し、1965年に竣工した。約100mと約80mの曲面形の高層2棟が議事堂を緩く囲むように建つというアイデアは、当時のモダニズムの風潮の中では極めて独特であった。一方、高層建築の本格的建設が始まる中心部のTDセンター（トロント・ドミニオン・センター、1967年、223m）は、ミース・ファン・デル・ローエ設計の高層建築が4棟近接して建ち、シカゴのフェデラルセンターと並んで貴重な近代高層建築遺産になった。その向かいには、トロントで最も高い箱型高層建築ファースト・カナディアン・プレイス（1975年、エドワード・ダレル・ストーン設計、298m）が建つ。

　高さという点では、1970年代以降大きな進展はないが、この5年間に200m以上の高層複数棟が竣工し、現在でも多くの高層が建設中という状況であり、それらの高層建築はTDセンターの立地する中心部のモダニズムとは異なって、より表情豊かなデザインとなっている。そうした変化は、1990年頃から始まった。ブルックフィールド・プレイス（1990年、SOM設計、261m）は、頂部のデザインの工夫のみならず、低層部にはカラトラバ設計のアーケードを備える。近年の例では、トランプ・インターナショナル・ホテル＆タワー（2012年、ザイドラー設計、277m）の変形したヴォリュームや現在建設中のダニエル・リベスキンド設計のLタワー（205m）の曲面形などが顕著な例である。オンタリオ湖に面したウォーターフロントの開発も極めて盛んであり、湖上からの眺め、CNタワーからの眺めを見ると、高層集合住宅の建設ラッシュがよくわかる。

　郊外の例であるが、アブソルート・ワールド・タワーズ（2012年）は、トロント北東近郊の開発地域のランドマークとして、国際コンペで中国の建築家、馬岩松（マ・ヤンソン）の案が当選し、極めてユニークな高層集合住宅作品に仕上がった。179.5mと161.2mの2棟は、変形した楕円の平面形を、足元から頂部まで徐々に約200度分回転させることで、不思議な曲面形を生みだしている。その形から、「マリリン・モンロー」というニックネームをもつ。カラトラバ設計のマルメに建つターニング・トルソ（15頁）に始まる、回転体の造形をよりダイナミックにした作品である。[K.K.]

オンタリオ湖上から見るトロントの都市景観。中央にCNタワー（1976年、553m）、その右手で白い頂部が見える高層建築が、トロントで最も高いファースト・カナディアン・プレイス（1975年、エドワード・ダレル・ストーン設計、298m）である。ウォーターフロントでは、多くの居住系高層建築が建設されている

CNタワーの展望台から見たトロントの中心部。白いファースト・カナディアン・プレイスの右にTDセンターがある。中央ではダニエル・リベスキンド設計のLタワーが建設中である

TDセンター（トロント・ドミニオン・センター、1967年、ミース・ファン・デル・ローエ設計、223m）のメイン・プラザ

ファースト・カナディアン・プレイス（1975年、エドワード・ダレル・ストーン設計、298m）。TDセンターのメイン・プラザの道向かいに建つ

TDセンターの見上げ

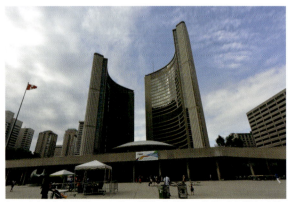

トロント市庁舎（1965年、V. レヴェル設計、約100m、約80m）と前面の広場

CNタワー（1976年、553m）

CNタワーの低層部内部

オンタリオ湖上から見るトロント中心部。中央がファースト・カナディアン・プレイス

トロント中心部西北側にあるオンタリオ美術館（2008年、フランク・O.ゲーリー増築部設計）のガラス張りの階段室から見る。左に市の中心部、右にCNタワーが見える

Lタワー（建設中、ダニエル・リベスキンド設計、205m）

トランプ・インターナショナル・ホテル＆タワー（2012年、ザイドラー設計、277m）。右はスコティア・タワー（1989年、ウェブ・ザラファ・メンケス・ハウスデン設計、275m）

スコティア・タワーの低層部エントランス・プラザ

中央左はブルックフィールド・プレイス（1990年、SOM設計、261m）。左にLタワーが見える

ブルックフィールド・プレイスの低層部につくられたカラトラバ設計のアーケード

アブソルート・ワールド・タワーズ（2012年、馬岩松＋MADアーキテクツ設計、179.5mと161.2m）。国際コンペで選ばれた回転体造形の高層集合住宅

ロンドン｜ニュー・レイバーとスカイスクレイパー
London

「ガラスの破片」ことザ・シャード（2013年、レンゾ・ピアノ設計、306m、11頁）。高度や形態ばかりが論じられるが、ロンドン・アイからテート・モダンを経て新市庁舎に至るテムズ南岸再生の文脈でも把握すべきだ

　歴史都市・ロンドンの都心には高層建築に関する規則が二つあった。一方は、この街の象徴的存在であるビッグ・ベン（96.3m）やセント・ポール寺院（111m）の高度を超えないこと、他方はそれらの主要モニュメントへの眺望を扼さぬことだ。後者は今昔ほとんど変化がない。問題は前者だ。

　高度成長期、超高層ビルが発展の記号とされ、183mのナット・ウェスト（現Tower 42）などが建設されたが、オイル・ショック後は景観意識の定着とともに超高層は忌避されるようになる。リチャード・ロジャースによる1986年竣工のロイズ・ロンドン・ビルのポレミックは記憶にいまだ新鮮だが、高度は95.1mで、さしものロジャースも、意匠はともかく高度については歴史的規範の逸脱はできなかった。

　かくも重々しい都心を避けて超高層を受容したのは、マーガレット・サッチャーが大英帝国の復活を賭けた2250haのブラウン・フィールド、ドックランドである。竣工第1号は1991年竣工で一気に200m越えとなったワン・カナダ・スクエア（234m）だが、1990年代の不況に加え、そもそも交通の便が悪いことからその後は停滞する。1997年の地下鉄ジュビリー線の延伸後、8カナダ・スクエア（199.5m）や25カナダ・スクエア（201m）などが建設されたが、歴史的環境という挑戦の対象の不在の故か、平凡なデザインのそれに留まる。公共空間を見ても、更地開発という稀有な条件を活かせず、歩車分離も中途半端なので安心感もない。

　さて、都心の歴史的規律をご破算にしてロンドンのスカイラインを変えたのは、ノーマン・フォスター設計の30セント・メリー・アクスで、高度は179.8mである。2004年竣工だが、計画された1997年に注目したい。すなわち、トニー・ブレア率いる労働党が保守党を破り政権交代を成し遂げた年である。サッチャーにより無化されたロンドンの自治が恢復し、

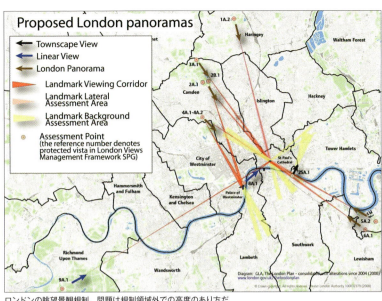

ロンドンの眺望景観規制。問題は規制領域外での高度のあり方だ

ロイズ・ロンドン・ビル（1986年、リチャード・ロジャース設計、95.1m）

ヨーロッパ／Europe

　2000年には労働党のケン・リヴィングストンが大ロンドン市の市長に就任する。このニュー・レイバーが前衛的なスカイスクレイパーを許容する政治的基盤となるのである。

　労働者を支持基盤としつつも経済的な新自由主義を許容する「第三の道」のテーゼの中で、保守的な歴史的環境保全は等閑視され、いかに雇用を発生させるか、そのためにいかに世界の耳目を集めるかに腐心する政見の帰結が、今日の百花繚乱のロンドンのスカイラインなのだ。

　レンゾ・ピアノ設計のザ・シャード（306m）は西ヨーロッパで最も高いことばかり話題にされるが、シャードとは（ガラスの）破片のことで、なるほど意匠はそれそのものだし、ロジャース設計のリーデンホール・ビル（224m）は別名「チーズおろし」だ。そういえば、30セント・メリー・アクスの別名はガーキン、すなわちピクルスである。これはまだお上品な方で、ジョセフ・パクストン設計のクリスタル・パレスと、誰もが率直に連想する形状のファルスを組み合わせ、「クリスタル・ファルス」とも呼ばれる。

　と、ここまでどちらかというと否定的機微でニュー・レイバーの都市デザインを記述してきたが、それらは意匠論的なもので、社会論的な意味での彼らのロンドン再生への貢献を失念すべきではない。2012年のロンドン・オリンピックの誘致もブレア＆リヴィングストンのコンビの実績だが、その舞台のストラッドフォードもブラウン・フィールド再生だし、ザ・シャードも近隣の衰退地区の再生を意図している。このヴェクトルは2008年に市政を奪取した保守系のボリス・ジョンソンも変えられず、2010年に導入され、ロンドンの街をビジネス・パーソンが颯爽と走るコミュニティ・バイク、バークレー・サイクルはその証左である。［M.T.］

「ピクルス」こと30セント・メリー・アクス（2004年、ノーマン・フォスター設計、179.8m）

「チーズおろし」ことリーデンホール・ビル（2014年、リチャード・ロジャース設計、224m）

8カナダ・スクエア（2002年、ノーマン・フォスター設計、199.5m）

ワン・カナダ・スクエア（1991年、シーザー・ペリ設計、234m）

25カナダ・スクエア（2002年、シーザー・ペリ設計、201m）

ストラータ（2010年、BFLS設計、147.9m）。頂部の風力発電ファンが特徴的

20フェンチャーチ（2014年、ラファエル・ヴィニオリ設計、160.1m）。反射光が拡散して「光害」で有名に

110ビショップ・ゲート（2011年、KPF設計、230m）。3層ごとの構造体が外部露出した表現

ロンドン・アイ（1999年、フランク・アナトール他設計、135m）。ニュー・レイバー的遊具は、対岸のビッグ・ベンを全く気にしない

パリ | 法隆寺西院をフランスに見る
Paris

ダイナミック・シンメトリーの都市デザイン原理の下、前衛的超高層群が新たな都市景観を創造する（シグナル・タワーなど数件は頓挫）

　歴史的環境保全のため、パリ市内では長らく高層建築が禁止されてきた。高度成長期に至り規制が緩和され、1973年にはモンパルナス・タワー（209m）が竣工したが、横長のマッシヴな建物の鈍重さを避けるために超高層にしたという妥協の産物に過ぎない上に、レンヌ街のアイ・ストップになるのにシンメトリーを全く尊重しない配置計画は、パースペクティヴの焦点にモニュメントを布置するフランスの伝統的都市デザインからも逸脱している。パリの異物との評価が妥当だろう。セーヌ・フロント地区や郊外の量産型超高層についても同様である。

　かくのごとく縛りの多いパリの開発圧力を受け止めるのが、西方の新都心ラ・デファンスである。ルーヴルを発してチュイルリー庭園とコンコルド広場を抜け、シャン・ゼリゼを横断し凱旋門を超えるパリの都市軸上にあるためか、しばしばデザイン・ガイドラインに関して質問を受ける。回答は、単体の建築に関してはテロ対策のため低層部はガラス壁面不可という事項以外、詳細は基本的に自由というものだ。しかし、配置計画に関しては、前述の歴史的都市軸の中心線から建物を最低50mセット・バックさせるという原則がある。このことが、建築意匠に関しては多様でありながら、地区全体に適度なまとまりを与えている。

　唐突だが、法隆寺西院に関する伊藤ていじの分析を引用する。
　「空間に軸を設けると、それは左右対称のシンメトリー構成をとることが多いが、わが国ではたとえシンメトリー構成でもそこにくずしを入れて左右対称を破るように意図する。これは法隆寺にも見られるようなダイナミック・シンメトリーと呼ばれるものである」（『日本の都市空間』）
　デファンスに法隆寺西院を見出すのはわたくしだけであろうか。地区内だけで1500mに及ぶデファンスの軸はダイナミックだ。だからこそ、多様な建築デザインと適度なシンメトリーくずしが活きる空間構成となる。また、この歴史的都市

2007-2020デファンス都市デザイン基本図

ノーベル・タワー（現イニシャル・タワー）。半世紀前の竣工とは思えないデザインの前衛性

軸は、完全に歩車分離されていることも強調しておきたい。そのことにより、それが都市空間の分断要素ではなく結合要素となる。

さて、いくつかのスカイスクレイパーの実例を見ておこう。

ジャン・プルーヴェがカーテンウォールを設計した1966年竣工のノーベル・タワー（現イニシャル・タワー、105m）は、古びることなき珠玉の作品である。しかし、革命200周年記念のグラン・ダルシュ（111m）の時代が絶頂だった。その後は凋落傾向が続き、その挽回のため、2006年7月、2007年から13年にわたる再生計画が政府主導で立案されるほどだった。

そこで開催されたのがシグナル・タワー設計競技で、勝者はジャン・ヌーヴェルであった（301m）。ジュリーが「グラン・ダルシュを軸としてデファンスの景観を均衡させるもの」と高く評価したように、ダイナミック・シンメトリーの原理を正確に読み込んだのである。しかし、その後の景気低迷で、ヌーヴェルは1991年提案の「無限の塔」に続き、デファンスで苦汁をなめる。リーマン・ショックの影響は大きく、ノーマン・フォスター設計のエルミタージュ・プラザ（320m）など複数の超高層建設計画がペンディングとなっている。

マジュンガ・タワーなどの最近の作品には曲線を立面的に運用するものが多い。対して、クリスチャン・ド・ポルザンパルク設計のグラニット・タワーは、その名の通り花崗岩を割り出したかのごとき直線性と鋭角性を感じさせる。ただ、それらは世界中のどこでも見られるデザインであることも事実だ。その多様なモーメントを収斂させるのが、前述のダイナミック・シンメトリーなのだ。[M.T.]

グラニット・タワー（2008年、クリスチャン・ド・ポルザンパルク設計、183m）

カルプ・ディエム・タワー（2013年、ロバート・スターン設計、166m）

T1タワー（2008年、ヴァロッド＆ピストル設計、185m）

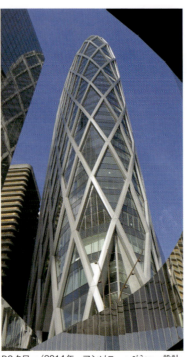

D2タワー（2014年、アンソニー・ベシュー設計、171m）

マジュンガ・タワー（2014年、ジャン＝ポール・ヴィギエ設計、194m）

グラン・ダルシュ（1989年、オットー・フォン＝スプレッケルセン設計、111m）。そのディメンションはルーヴルのクール・カレ（方形庭）を参照源とする

ファースト・タワー（旧CB31タワー、原建物：1974年、改修：2011年）。KPFの設計監理により旧建物をほぼスケルトンにまで還元してリノヴェーションされた

モンパルナス・タワー（1973年、ジャン・ソボ他設計、209m）

グラン・ダルシュ前の完全歩車分離のエスプラナード

フランクフルト・アム・マイン
旧市街地に高層を建て続ける西ヨーロッパ唯一の都市
Frankfurt Am Main

　フランクフルト・アム・マインは、第二次世界大戦終戦間際の空爆で市街地の多くが焦土と化した。一方で、ドイツにおける金融・産業の中心都市であり、戦後復興期から旧市街地に高層建築を建て続けている西ヨーロッパ唯一の都市である。現在、200mを超える高層が5棟、150mを超える高層が約15棟建てられており、数の上ではアメリカ、アジア、中東などの地域に比べると少ないが、人口70万人程度の規模の都市で高層化が押し進められた興味深い都市現象ということができる。

　フランクフルトでの高層建築の建設は、1960年代中頃という比較的早い時期から始まっている。その後も継続的に高層建築建設が推し進められるが、その高さは150m強程度であった。しかし、1990年にメッセ・タワー（マーフィー＆ヤーン設計）が一挙に257mという高さに達し、パリのモンパルナス・タワー（1973年、209m、73頁）を大きく抜いて、西ヨーロッパで最も高くなった。引き続き、コメルツバンク・タワー（1999年、フォスター＆パートナー設計、259m）がさらに高さを増した。この高層建築は、ヨーロッパ一という高さのみならず、環境配慮面でも大きな挑戦であった。建物全体に自然採光と自然通風を行き渡らせるという配慮に基づき、三角形の平面の中央にアトリウムを設けて、すべてのオフィスの窓から自然採光と自然通風が得られるようにすることで、建物全体の省エネルギー効果を上げた。アトリウム周りには、ルーフ・ガーデンをスパイラル状に設けることで、オフィス内の使用者の快適さを増し、外観では視線の抜けによる透明感を増している。また、低層部で、既存の街並みのスケールに配慮した建て方を実践している。

　コメルツバンク・タワーという傑作によって、高層建築の発展史に大きな一歩を残したフランクフルトでは、高さではこの傑作を超えることはないが、近年も高層建築が建てられ続けている。コープ・

左：マイン川北側の市街地に建ち並ぶ高層建築群を見る。マンハッタンをもじって、「マインハッタン」とも呼ばれる。右端にコメルツバンク・タワー（1999年、フォスター＆パートナー設計、259m）、左端から2番目のとがった頂部がメッセ・タワー（1990年、マーフィー＆ヤーン設計、257m）、その右がヴェステンドシュトラーセ・ワン（1993年、KPF設計、208m）

下：コメルツバンク・タワー越しに、マイン川沿いを東に見る。左遠方に、市街地から離れて建つヨーロッパ中央銀行（2014年、コープ・ヒンメルブラウ設計、184m）が見える

ヒンメルブラウの新しい高層、ヨーロッパ中央銀行（2014年、184m）は、2棟がアトリウムをはさみながらねじれるという、今日的な高層デザインを備えている。総じてフランクフルトの高層建築は、ドイツ国外の著名設計者によって牽引されてきた感がある。[K.K.]

左:コメルツバンク・タワー(1999年、フォスター&パートナー設計、259m)。三角形の平面の中央にアトリウムを設けて、すべてのオフィスの窓から自然採光と自然通風が得られる。アトリウム周りにスパイラル状に設けられたルーフ・ガーデンが、外観では視線の抜けによる透明感を増している。低層部は既存の街並みのスケールに配慮している。
上:同上、断面図
左下:同上、アトリウム見上げ

同上、夜景

同上、1階レストラン、ラウンジ

メッセ・タワー（1990年、マーフィー＆ヤーン設計、257m）。竣工時には西ヨーロッパで最も高くなった。現在、フランクフルトでは2番目の高さ

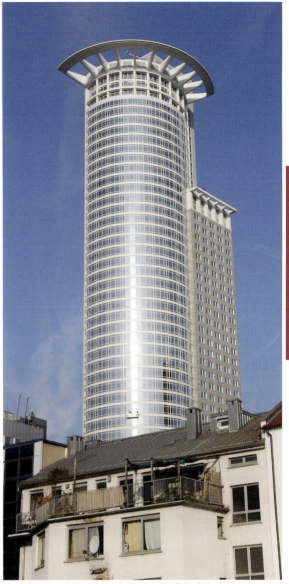

ヴェステンドシュトラーセ・ワン（1993年、KPF設計、208m）。フランクフルトでは3番目の高さ

ネクスタワー（2009年、KSPエンガル＆ツィマーマン、マシミリアーノ・フクサス設計、136m）。高くはないが、旧市街に近接し今日的な変形ヴォリュームの外観をもつ

ヨーロッパ中央銀行（2014年、コープ・ヒンメルブラウ設計、184m）。2棟がアトリウムをはさみながらねじれる外観形態をもつ

モスクワ | 変貌する大国の映し鏡としての高層
Moscow

キエフ駅前のボリシャヤ・ドロゴミフスカヤ通りからモスクワシティ方向を見た風景。林立する高層建築群が、共産主義時代に建てられた中層のアパートメントとのコントラストを生みだしている

　モスクワの高層建築は大きく二つに分別される。一つは共産主義時代のスターリン政権下に建設された7棟の高層建築（セブン・シスターズ）を始めとする大国の強いイメージを国民にアピールするためのもの、もう一つはソヴィエト崩壊後の市場経済導入の影響によるものである。前者は政治と切り離せない関係にあり、七つの高層建築によりモスクワ市街地を環状に取り囲むことで、どこからもどれかが見える配置となっている。これらの建設は1947年に決定され、都市の800周年を記念してつくられ、1955年までのわずか8年間で7棟すべてを竣工している。階高は平均7〜8m、極端なものは10mにおよぶ贅沢なつくりで、これらの荘厳な装飾は都市のアンサンブルとなった。

　この頃モスクワでは地下鉄の建設も行われており、共産主義は全盛期を迎えていたといえる。こうした権力の誇示はニューヨークのエンパイア・ステート・ビルを凌ぐ高さとして設計されていたボリス・イオファンのソヴィエト・パレス（400m）をモスクワ中心部のクレムリン西側に建てることで「首都を包囲する」という構想の完成を想定していたが、パレスは実現せず虚構のものとなった。対して、後者は2000年以降、石油ガスの輸出収入の増加により経済が順調に成長を遂げたことを背景に多く竣工されてきた。特に1994年からモスクワ湖畔の旧工業地帯の一部約69haに大規模複合業務地区として計画が着工されたモスクワシティでは構想段階で600mを超えるロシア・タワーの設計にノーマン・フォスターが採用されるなど、共産主義時代ではロシア人建築家のみが設計していた高層建築に多くの外国人建築家が参加するようになっている。

　2013年モスクワシティで竣工したマーキュリーシティ・タワー（338m）は現在ヨーロッパで最も高い建物であり、2016年の竣工を予定しているフェデレーション・タワー・イーストは360mに達する計画で、モスクワの高さ記録を塗り替える予定である。また、ロシア人建築家による事例は、構成主義の幾何学を引用した形態や、新たなランドマークを目指した形態など、スターリン政権下の様式にとらわれない事例が出現してきている。［R.S.］

モスクワ南西、ヴォロビヨーヴィ丘の展望台からのモスクワシティ。現在も建設が進行中

キャピタルシティ・モスクワ・タワーとサンクトペテルブルグ・タワー（2010年、NBBJ設計、302mと257m）。構成主義を意識したデザインでロンドンのザ・シャード完成前はヨーロッパ一の高さを誇った

マーキュリーシティ・タワー（2013年、M.ポソーヒン設計、338m）。現在、ヨーロッパ一の高さを誇る。斜めに切削されたヴォリュームとオレンジ色の外壁はモスクワシティのアクセントとなっている

インペリア・タワー（2011年、NBBJ, ENKAデザイン設計、239m）。2016年完成予定のイースト棟との間に建つ尖塔は506mにおよぶ予定

フェデレーション・タワー・ウエスト（2008年、nsp＋パートナー設計、242m）。2016年完成予定のタワー・イースト棟は360mにおよぶ予定

ナベレジナヤ・タワー（2007年、RTKL, ENKAデザイン設計、268m）。タワーA〜Cの3棟で構成される。中層棟とつなぐ26階のみトラスがむき出しの外壁としている

モスクワ大学（1953年、L.ルードネフ、S.チェルヌィショーフ、P.アブロシモフ、A.フリャーコフ、V.ナソーノフ設計、239m）。スターリン政権下の七つの高層建築のうち最も巨大であり建物の装飾と周囲の景観デザインは多くの画家・彫刻家の手によって行われた。正面ファサードから真っ直ぐ延びる道の先にはヴォロビヨーヴィ丘の展望台があり、モスクワの大パノラマが望める

スターリン政権下の七つの高層建築には、尖塔の頭にソヴィエトのシンボルである五点星と稲穂の束があしらわれている。こうしたシンボルは柱壁の至るところに見受けられる

コテーリニチェスカヤ河岸通りの高層アパート（1952年、D.チェチューリン、A.ロストコフスキー設計、176m）。モスクワ川とヤウザ川が合流する地点に建てられ、クレムリンから望めるモスクワ川はちょうどこの建物のところで視界から消える。低層部は二つの河岸に沿うようにV字に配置されている

ラディソン・ロイヤルホテル・モスクワ（1955年、A.モルドヴィノフ、V.オルタルジェーフスキー、V.カーリシュ設計、206m）。旧名ホテルウクライナはクトゥーゾフスキー大通りとノーヴィ・アルバート通りが交差するモスクワ川が最も屈折した場所に位置する。1032もの部屋があり、家具や照明、ドアなど多くのものが初期のまま保存されている

上：ロシア連邦運輸機関建設省（1953年、A.ドゥーシキン、B.メゼンツェフ設計、138m）。24階建ての運輸機関建設省を収容する中央棟とその両脇の7階建ての住居棟からなる

下：赤の門が特徴的なロシア連邦運輸機関建設省のメインファサード。各玄関の上にはソヴィエトの紋章が装飾されている

ラディソン・ロイヤルホテル・モスクワのエントランスロビー。ファサードの装飾もさることながら、ロビーの天井画もホテルの壮厳さをいっそう際立たせている

ロシア連邦外務省（1953年、V.ゲルフレイフ、M.ミンクス設計、172m）。スモレンスカヤ広場の目の前に建ち、サドーヴァヤ環状線上の大きなアクセントとなっている。他の6棟に比べ、装飾が極限まで削られており、最もシンプルな仕上がりになっている

ヒルトンモスク・ワレニングラードスカヤ(1954年、L.ポリャコーフ、A.ボーレツキー設計、136m)。スターリン政権下の七つの高層建築のうち最も低い。コムソモール広場の北東側に位置し、同広場にある三つの駅(レニングラード駅、カザン駅、ヤロスラーヴリ駅)と一体感のある景観をつくりだしている。ファサードの装飾やインテリアには3駅の異なる建築様式を取り入れることで、広場に調和を与えている。照明や扉などの細部はゴシック様式で構成される

クードゥリンスカヤ広場の高層アパート(1954年、M.ポソーヒン、A.ムンドヤンツ設計、156m)。ファサードが小さな広場を介してサドーヴァヤ環状道路に面している。建物を飾る寓話的彫像や彫刻は社会主義的リアリズムをテーマとしている

ロシア連邦科学アカデミー(1989年、M.プラトノフ、A.ザハロフ設計、120m)。18世紀前半を起源とするロシアの最高学術機関。ヴォロビヨーヴィの丘の高台に位置し、ガラスとメタルの構造物は宇宙と核物理学の融合を表現している

モスクワ市庁舎(1967年、M.ポソーヒン、A.ムンドヤンツ、V.スヴィールスキー設計、108m)。1949年に設立されたコメコン(経済相互援助会議)の本部。開いた本のようなフォルムは平和的・建設的な組織を象徴している

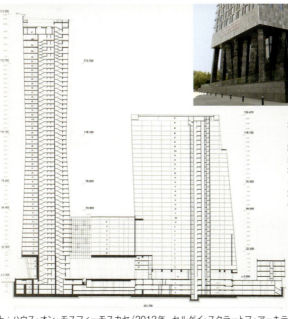

右上：オスタンキノ・タワー（1967年、L.バダーロフ設計、533m）。ヨーロッパで最も高いテレビ塔
右下：トライアンプパレス（2008年、TROMOS設計、242m）。スターリン政権下の高層建築を模した事例

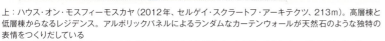

上：ハウス・オン・モスフィーモスカヤ（2012年、セルゲイ・スクラートフ・アーキテクツ、213m）。高層棟と低層棟からなるレジデンス。アルボリックパネルによるランダムなカーテンウォールが天然石のような独特の表情をつくりだしている
中：高層棟の1階は高さ17mで、ランダムに配置された石炭色のコンクリート柱によって支えられている
下：ハウス・オン・モスフィーモスカヤ断面図

ワルシャワ | 激動の歴史の末に生まれた、のどかな高層景観
Warsaw

文化科学宮殿頂部にある展望台から、中心市街地の高層建築群を見渡す。左からズオッタ44（2014年、ダニエル・リベスキンド設計、192m）、インターコンチネンタル・ワルシャワ（2003年、タデウツ・スピキャラ設計、164m）、ワルシャワ・ファイナンシャル・センター（1999年、KPF設計、144m）

ワルシャワは、14世紀の旧市街を残す古都であったが、1939年のナチス・ドイツによる支配の始まりや1944年のワルシャワ蜂起で多くの人民犠牲と建物破壊という大惨事で市街地は壊滅状態となり、1945年のソヴィエト連邦進攻後は、その衛星国家の首都となった。しかしポーランド亡命政府の活動はロンドンで続き、1989年に亡命政府の流れを汲むポーランド共和国が成立した。

ワルシャワ最初の高層建築は、文化科学宮殿（1955年、レフ・ウラジーミロヴィチ・ルードネフ設計、231m）であり、スターリン時代のソヴィエト連邦が設計から施工までを行い、スターリンの贈り物とも呼ばれている。ルードネフは、ロシアの大御所建築家でモスクワ大学高層棟（1953年、239m、80頁）の設計者でもあり、モスクワ大学高層棟が半世紀近くにわたり、ヨーロッパで最も高い建築であったことを考えると、わずか8mしか違わない文化科学宮殿によって、ワルシャワはヨーロッパ2番目の高さの高層建築を有していたことになる。

1970年代の西欧諸国との経済協力による高度成長期、1989年の資本主義経済への移行に伴う混乱を克服した90年代末以降の順調な経済発展期を経て、ポーランドは2004年のEU参加も果たし、今や安定した発展を遂げている。ワルシャワの高層建築の建設は、こうした経済の波に対応しており、70年代に文化科学宮殿後の初めての高層建築が数棟建設され、90年代後半以降は持続的に高層建築の建設がなされている。現在、最も高い事例は、相変わらず文化科学宮殿であるが、90年代末以降に150mを超える高層が約10棟建ち、高さで2番目がワルシャワ貿易センター（1999年、RTKL設計、208m）、3番目がズオッタ44（2014年、ダニエル・リベスキンド設計、192m）である。並び建つ文化科学宮殿の新古典主義様式とズオッタ44の曲面形態の対比的共存は、ワルシャワの多難な過去と現在の発展する様を対照的に示している。[K.K.]

ズオッタ44（2014年、ダニエル・リベスキンド設計、192m）の曲面の反り

スターリン様式の高層建築、文化科学宮殿（1955年、レフ・ウラジーミロヴィチ・ルードネフ設計、231m）。モスクワに建てられた同じ様式の高層と酷似している。ヨーロッパ2番目の高さを誇った。その左にズオッタ44が見える

インターコンティネンタル・ワルシャワ（2003年、タデウツ・スピキャラ設計、164m）

ワルシャワ貿易センター（1999年、RTKL設計、208m）

文化科学宮殿のライトアップ

ドバイ | 世界一の高さと圧巻の景観を誇る都市
Dubai

　ドバイには1990年以降に建設された高さ300mを超える事例は18棟あり、その数は世界で最も多い。ドバイは、わずか20年足らずで高層建築が林立する都市に急成長した。しかしながら、現在ではドバイ・マリーナでの高層建築の建設が進む一方、2008年のリーマン・ショック、2009年のドバイ・ショックによる経済の悪化で、ビジネス・ベイでの工事の中断が多く見られる。

　モチーフを用いる形態決定の事例として、ブルジュ・ハリファの三つの翼部をもつ平面形は、砂漠の花ヒメノカリスの放射状に延びる花びらをモチーフとしている。翼部が7層ごとにセットバックしつつ螺旋状に昇る外観は、上昇感に富む印象を与えるとともに、風圧を低減する効果がある。ブルジュ・アル・アラブは、交易に用いられたダウ船の帆をデザインの基とする。客室の二つの翼部を海に向け、その間にアトリウムの空間がある。エミレーツ・タワーは、高さ355mのオフィス棟と309mのホテル棟からなる。「父が建てたドバイのワールドトレード・センター・タワーへの眺望をフレーミングするような建物にしたい」という施主の要望もあり、連棟となった。イスラム装飾によく使用される幾何学である三角形が、平面に採用されている。アルマス・タワーの平面形は二つの楕円を組み合わせた形で、高層部では一つの楕円になる。アルマスはアラビア語でダイヤモンドを意味し、低層部の平面形に表現されている。

　ジ・インデックスは、構造・環境から形態を決定した例であり、25階までがオフィス、上部は住居となっている。設計者であるフォスターは、「構造システムと内部構成の明快な表現」を意図している。中間層に2層分の高さをもつガラス張りのスカイロビーがあり、長辺方向から見て端部にバットレスを伴ったA字型の構造フレームをもつ。オフィス階では、室内を無柱とするため梁を鉄骨のトラスとしている。また環境面では、日射の影響を低減するため、南北に長辺を向け、南側には日除けの庇を備える。オーシャン・ハイツは、ドバイ・マリーナ地区の海に面する道路側に立つ。立面3面をねじることで、道路側に位置する奥の住居であっても、海への眺望を可能としている。ねじれによる変形は立面のみで、室内には生じないように設計されている。

　ドバイはかつての建設ラッシュの勢いはないものの、数多くの高層建築が建つ都市として、世界の人々の注目と関心を集め続ける都市である。[T.H.]

ブルジュ・ハリファの展望台からの景色。砂漠の中に突如現れる高層建築群を望むことができる。中央右がジ・インデックス

ブルジュ・ハリファ（2010年、SOM設計、828m）。世界一の高さを誇る。形態は、砂漠の花ヒメノカリスの花びらの形をモチーフとしているという記述がある一方、イスラム建築で使用される玉ねぎ型のドームに由来するという記述もある

中東／Middle East

同左。中間階平面図

同左。低層階平面図

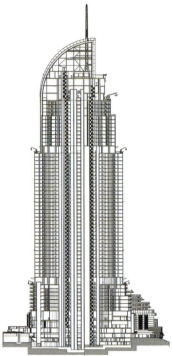

同左。断面図

ジ・アドレス（2008年、アトキンス設計、302m）。
各階平面を円弧で有機的に結びつける形状であり、
軟体動物や渦巻く波がイメージされている

同右。最上階のレストラン

同右。アトリウム見上げ

同右。アトリウム見上げ

同右。エントランスホール

ブルジュ・アル・アラブ（1999年、アトキンス設計、321m）。内部空間は、目を見張るような吹抜けを誇る。展望レストランでは、アラビア海や砂漠の景色を一望できる

エミレーツ・タワー1、2（2000年、NORR アーキテクツ・エンジニア・プランナーズ設計、355m、309m）。ホテル棟は2辺に客室を配し、その間を大ガラス面をもつアトリウムとしている

ジ・インデックス（2010年、フォスター＋パートナーズ設計、326m）。オフィスと住居の間にスカイロビーが設けられている

O-14（2010年、レイザー＋ウメモト RUR アーキテクチャー設計、106m）。ファサードの無数に開いた穴から外の空気を取り込む

ドバイ・マリーナに密集する高層集合住宅群。中央がプリンセス・タワー（2012年、アドナン・サファリーニ設計、413m）

イリスベイ（アトキンス設計、170m）。パッシブ、アクティブの両方から環境に配慮した高層建築

ローズ・レイハーン・バイ・ロタナ（2007年、カティブ＆アラミ設計、333m）。頂部に装飾として球体がついている

ビジネス・セントラルタワー1、2（2008年、ナショナル・エンジニアリング・ビューロー設計、265m）。2棟の外観を見る

アルマス・タワー（2008年、アトキンス設計、360m）。ドバイのダイヤモンド取引所が入居している

23マリーナ（2012年、ハフィーズ・コントラクター、KEOインターナショナル・コンサルタンツ設計、393m）。立面では、大きく3分割されている

オーシャン・ハイツ（2010年、アエダス設計、310m）。平面計画は4mモジュールで柱が建物を垂直に貫く

ラディソン・ロイヤルホテル・ドバイ、ナシマタワー（2010年、BRTアルキテクテン設計、269m、204m）。オフィスとホテル

アル・ロスタマニ・メイズタワー（2010年、アルキプラン・コンサルティング・アーキテクツ＆エンジニアズ、ブランクアドラト設計、210m）

HHHRタワー（2010年、ファラヤンド・アーキテクチュラル・エンジニアリング・コンサルタンシー、アル・ハシェミ設計、318m）

JWマリオット・マーキス・ホテル・ドバイタワー1、2（2012、2013年、アーキグループ・コンサルタンツ設計、355m）。2棟ともホテル

アブダビ | マスタープランに基づく急激な高層化
Abu Dhabi

ワールドトレード・センター・アブダビの住居棟ザ・ドメイン(2014年、381m)とオフィス棟トラスト・タワー(2014年、278m)。両棟および低層部を含む再開発計画全体をフォスター&パートナーズが設計した。ザ・ドメインはアブダビにおいて最も高い

ザ・ランドマーク(2013年、ペリ・クラーク・ペリ・アーキテクツ設計、324m)。アブダビ2番目の高さを誇り、曲面と斜面を組み合わせた外観形態は、砂丘と船の帆から着想を得ている。その右はADIAタワー(95頁)

　アラブ首長国連邦(以下UAE)の首都アブダビは、20世紀中頃の原油の発見と1971年のUAE成立により成長し、1990年代から高層化が始まった。2007年に作成されたアブダビ計画2030に基づき、多数の都市開発が進行している。現時点で200mを超える高層が約20棟あり、そのほとんどは2010年以降の竣工という事実からも、この数年の高層化の進行の早さが理解できる。

　90年代の高層化は既存市街地で始まり、初期に建設された高層建築では伝統的な建築を連想させる形態が見られるが、近年の事例では伝統的形態モチーフの採用が少なく、曲面を多用した斬新な造形が多い。既存市街地の旧中央市場を再開発して建てられたワールドトレード・センター・アブダビの住居棟ザ・ドメイン(2014年、フォスター&パートナーズ設計、381m)は、アブダビにおいて最も高く、楕円柱形を基本とした全体形に曲面の壁を付けることで、陰影感と光の反射を高めている。その近くに建つザ・ランドマーク(2013年、ペリ・クラーク・ペリ・アーキテクツ設計、324m)は2番目の高さを誇り、その外観は曲面と斜面を組み合わせた形態である。隣接するADIAタワー(2006年、KPF設計、185m)は、格子状に並ぶルーバーによって歪曲した曲面形態を強調している。

　新たな開発地区では、高層建築が開発の先駆けの役割を果たす。エディハド・タワーズ(2011年、DBI設計、305-218m)はアブダビ市街の西端に位置し、5棟が一体に計画された事例であり、見る方角により変化のある全体外観となっている。キャピタル・ゲート・タワー(2011年、RMJM設計、165m)は、18度も傾いた非対称の曲面形態という独特の外観をもつ。旧市街東に位置するアル・レーム島の中心には、スカイ・タワーとサン・タワー(2009年、アルキテクトニカ設計、292m、238m)という楕円形平面の高層棟2棟と3棟の頂部を連結した高層棟が建つ。

　総じて、アブダビにおける近年の高層建築は、市街地に挿入された事例では、曲面を伴った形態や連棟配置により印象的な都市景観を形成しつつあり、新たに開発される地区ではランドマークとしてアブダビ計画2030を先導している。また、著名海外建築家の設計が多く見られることも一つの特徴であろう。[K.K.+R.I.]

同左、見上げ

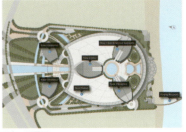
同左、配置図

左:エディハド・タワーズ(2011年、DBI設計、305-218m)はアブダビ市街の西端に位置し、5棟が一体に計画されている。対称形の平面配置であるが、高さの違いおよび曲面を活かしたヴォリュームにより、方角により変化のある全体外観となっている

アブダビ計画2030におけるキャピタル・ゲート・タワー周辺の完成予想図

同左、低層部内部空間

同左、断面図
左下：同左、エントランス近景

キャピタル・ゲート・タワー（2011年、RMJM設計、165m）は、外形が18度傾いた非対称の曲面形態であり、外壁の1万2500枚のガラス板、8250の斜交構造材はすべて形状が異なる。高層棟にへばりつくメッシュ状の日除けが、低層部のアブダビ国立展示会場へと広がる。オフィス階では楕円形のコアと湾曲した外壁との間を室内とし、ホテル階ではアトリウムを設けて客室を配置しやすい平面形をつくる工夫がなされている

アブダビ計画2030におけるアル・レーム島完成予想図。手前にスカイ・タワーとサン・タワーが見える

ネイション・タワーズ・レジデンシャル・ロフト（2012年、WZMHアーキテクツ設計、268m）。ウォーターフロントに建つ上部連結型高層集合住宅

ADIAタワー（2000年、KPF設計、105m）。平面的には、北側ウィングは都市のグリッドと平行で、南側ウィングが少し回転することで海の方向に開き、二つにはさまれるアトリウムはソーラーチムニーの役目をもつ

左のスカイ・タワー（2009年、アルキテクトニカ設計、292m）は下半分がオフィスで上半分が住居、右のサン・タワー（同上、238m）は住居棟であり、両者は低層部で連結されている。両棟の外形は類似しているが、突出部を垂直方向と水平方向に変えることで変化を生みだしている

アルダー本社ビル（2010年、MZアーキテクツ設計、110m）。斜交グリッドの構造体からなる円形の形態にしてシンプルで印象的な外観を生みだすことに成功している。アルダー社は、UAE大手の不動産会社である

ドーハ | 曲面を用いた彫刻的造形の実験場
Doha

　ドーハはカタール半島東海岸のペルシア湾に面したカタールの首都であり、中東有数の世界都市である。新市街地であるウエスト・ベイ・エリアに高層建築が集中し、その多くの竣工年は2000年以降である。対岸の旧市街地や湾外沿いからその高層建築群が一望できるように計画されている。カタールが1971年にイギリスから独立すると都市の近代化が進んだが、しばらくは高層化を伴わなかった。それに変化が生じたのはハマド・ビン・ハリーファ・アール＝サーニーが首長となった1995年以降のことである。ハマドは多くの制度の開放を開始し、石油・天然ガス資源による投資を基に多角的に産業の開発を進めた。同時期にウエスト・ベイ・エリアの開発と高層化が進み、現在の高層建築群が15年ほどの短期間に生じることとなった。

　ドーハの代表的な高層建築の形態の特徴は、曲面を用いた彫刻的な造形にある。高層建築の形態は構造や経済性の制約の下で成り立つものだが、外部からの鑑賞に重きが置かれた事例が数多く見られる。トルネード・タワー（2008年、CICOコンサルティング・アーキテクツ＆エンジニアーズ；SIAT、200m）は、砂漠の旋風をモチーフにしており、頂部と基部が広がり、胴部に緩やかなくびれのある形態であり、表出した斜め格子の構造体はその曲面形態を際立たせている。アル・ビッダ・タワー（2009年、GHDグローバル設計、215m）は丸みのある三角状の平面形が回転し、上部で広がることで外形がねじれた形態をしている。低層部からシームレスに上部まで曲面で構成された外観は彫刻的であることを強めている。

　中でもドーハ・タワー（2012年、ジャン・ヌーベル設計、238m）は伝統的デザインを近代的見地で解釈した形態であり特筆に値する。外壁全体を大きさの異なる幾何学模様を重ね合わせたアルミニウムの格子細工が覆っており、この格子は方角により密度が異なり、砂漠気候の厳しい環境下において効果的に日射を遮る役目をしている。格子細工のデザインは伝統的な幾何学模様であるアラベスクと類似性があり、建物全体の形態はカタールの伝統的なモスクのミナレットと類似性がある。細部から全体まで伝統的なデザインを近代的に解釈して表現されているが、これは土地の伝統・歴史のコンテクストに配慮するジャン・ヌーベルの思想から生みだされた。[T.M.]

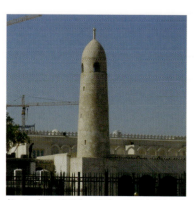

ドーハ・タワーのモチーフになっていると思われるイスラムの伝統的な塔。ドーハの街中で複数見られる

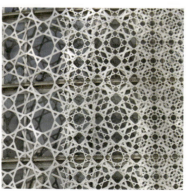

ドーハ・タワーのファサードの格子。方角により格子の密度の濃淡を変えることで効果的に遮光を行っている

格子のモチーフになっていると思われるイスラムの伝統的な幾何学デザイン。イスラム美術館の展示品に見られる装飾

ドーハ・タワー（2012年、ジャン・ヌーベル設計、238m）

アル・ビッダ・タワー（2009年、GHDグローバル設計、215m）。頂部は斜めに切り取られて個性的な形が強調されている

パーム・タワー1、2（2011年、MZ＆パートナーズ設計、245m）。ヤシの木をモチーフとした六角柱の連棟

ナビゲイション・タワー（2008年、MZ＆パートナーズ設計、220m）。曲面を合わせて側部を曲線で切り取ったような形態

ウォキッド・タワー（2011年、ユナイテッド・アラブ・コンサルティング設計、172m）。曲面を合わせた筍状の形態

コートヤード・ドーハ・シティセンター（2011年、HOK設計、200m）、ルネッサンス・ドーハ・シティ・センター・ホテル（2011年、HOK設計、200m）

インターコンチネンタル・ホテル・ウェスト・ベイ（2011年、HOK設計、214m）

アル・ファイサル・タワー（2011年、ディワン・アル・エマレ設計、227m）

トルネード・タワー（2008年、CICOコンサルティング・アーキテクツ＆エンジニアーズ：SIAT、200m）

アスパイアー・タワー(2007年、ハディ・シマン・アーキテクツ設計、300m)。たいまつをモチーフにして、2006年のサッカーアジア大会で聖火台として建設されたホテル

低層部のロビーは吹抜け空間となっている

頂部にはゆっくりと回転する展望レストランがある

スポーツ施設が集められたエリアに立地する

ウェスト・ベイ・ラグーン・プラザ・タワー1、2(2010年、MZ＆パートナーズ設計、143m)。集合住宅。ドーハの高層建築は砂嵐により外壁が汚れるため清掃を必要とするが、その効率性よりも外観が優先されている

リッツ・カールトン・ホテル(2000年、フェントレス・アーキテクツ設計、115m)

アル・ファーデン・レジデンス(2009年、アラブ・エンジニアリング・ビューロー設計、215m)。アラブ伝統建築に見られる土色ともいえる薄茶色を基調とする。その形態は宮殿や邸宅の列柱を想起させる

アル・ファーデン・タワーズ1、2(2007年、アラブ・エンジニアリング・ビューロー設計、178m、160m)。設計事務所代表のイブラヒム・モハメ・ジャイーダはカタール建築史に詳しく、伝統的モチーフが使われる傾向がある

香港 | 高層建築が奏でるシンフォニー
Hong Kong

インターナショナル・コマース・センターの展望台から香港島を見渡す。中央に2インターナショナル・ファイナンス・センター、その左に中国銀行タワー、右方にザ・センターを見る

　香港では、1930年代に最初の高層建築が建設され、アメリカ以外では上海と並んで高層建築が建てられた数少ない都市の一つとなり、今や100m以上の高層建築は1000棟以上、150m以上は300棟を備えて、数の上では高層建築の蓄積が世界一となっている。香港島北側の中心地、中環における旧香港上海銀行（1935年、70m）は、竣工当時はアジア有数の高さを誇った。設計者は、1868年に香港で設立された設計事務所パーマー&ターナー（現在、P&Tグループ）であり、戦後、香港上海銀行に隣接して建てられた旧中国銀行（1950年、76m）も、同じくパーマー&ターナーの設計による。両者ともに、アールデコ装飾を備えたセットバック型の高層建築である。

　より本格的な高層化は、1970年代に始まる。香港で初めて100mを超えたジャーディン・ハウス（1973年、P&Tグループ設計、179m）は、竣工当時アジアで最も高い高層建築となった。香港で最初の近代的高層建築にしては、特徴的な外壁の丸窓や低層部の柱のデザインなど、様々な工夫がなされている。

　1984年の英中共同声明発表により、1997年に香港の主権は中国に返還されることが決まり、高さ規制200mの撤廃を伴って、高層化は大きく推進されることになる。ホープウェル・センター（1981年、WMKY設計、222m）が200mを超え、80年代の経済発展に伴い、香港上海銀行（1985年、ノーマン・フォスター設計、179m）やリッポ・タワー（1988年、ポール・ルドルフ設計、186m）などの著名建築家の作品も竣工した。そして、1990年には、香港の新たな時代を象徴するランドマーク、中国銀行タワー（1990年、イオ・ミン・ペイ設計、367m）が竣工する。しかし、1990年の時点では、100mを超える高層建築は約100棟程度であった。

　90年代半ば以降、約800棟近い高層建築が建設されるが、特に1995年から2005年には約500棟にもおよぶ驚異的な建設ラッシュが生じた。高さにおいても、セントラル・プラザ（1992年、374m）が中国銀行タワーを超え、今世紀に入ると2インターナショナル・ファイナンス・センター（2003年、シーザー・ペリ設計、412m）、インターナショナル・コマース・センター（2010年、KPF設計、484m）の2棟が400mを超えるランドマーク的な存在となった。両者ともデザイン的には、20世紀に見られたハイテクや目立つ形態というよりは、より単純な形態を基本としつつ、細部の洗練によって抽象美を表現する傾向を示す。一方、集合住宅では、概して一般的な高層住宅事例が多い中で、ハイクリフ（2003年、252m）のように曲面形を活かしたデザインや、ザ・アーチ（2005年、231m）のように抽象的な単純な形態ではなく、具象的な重々しい形態を備えたものなど多様である。

　香港島中環を中心に湾に向かって並列する高層建築群は、九龍半島側尖沙咀のウォーターフロント・プロムナードや香港ピークの丘という格好の視点場をもつことにより、魅惑的な高層都市景観を楽しめる場所を生みだしている。[K.K.＋T.M.]

香港ピークの丘の上から香港島と対岸の九龍地区を見渡す。左にインターナショナル・コマース・センター、中央右に2インターナショナル・ファイナンス・センター

香港の概略地図。①旧中国銀行、②ジャーディン・ハウス、③ホープウェル・センター、④香港上海銀行、⑤リッポ・タワー、⑥中国銀行タワー、⑦セントラル・プラザ、⑧ザ・センター、⑨2インターナショナル・ファイナンス・センター、⑩ハイクリフ、⑪ザ・アーチ、⑫ニナ・タワー、⑬ワン・アイランド・イースト、⑭インターナショナル・コマース・センター

旧香港上海銀行(左上)は取り壊されて、ノーマン・フォスター設計の新建物に変わるが、旧中国銀行(左)は今も当時の姿を留めている

インターナショナル・コマース・センター（2010年、KPF設計、484m）。通称ICC、世界5番目の高さを誇る。香港の高層建築の多くは香港島に建つが、このセンターは九龍半島の西側の開発地区に建つ

同左。メインエントランス近景

同左。展望台

同左。展望台のガラス・コーナー越しに香港島を見る

同左。最上階のホテルバー

同左。最上階のホテルバーの外部テラス

2 インターナショナル・ファイナンス・センター（2003年、シーザー・ペリ設計、412m）。香港島側では最も高い
右：ハイクリフ（2003年、デニス・ラウ＆ン・チュン・マン設計事務所、252m）

ジャーディン・ハウス（1973年、P&Tグループ設計、179m）

リッポ・タワー（1988年、ポール・ルドルフ設計、186m）

セントラル・プラザ（1992年、デニス・ラウ＆ン・チュン・マン設計事務所、374m）

ホープウェル・センター（1981年、WMKY設計、222m）

中国銀行タワー（1990年、イオ・ミン・ペイ設計、367m）

ザ・センター（1998年、デニス・ラウ＆ン・チュン・マン設計事務所、346m）

香港上海銀行（1985年、ノーマン・フォスター設計、179m）

香港上海銀行低層部にある無柱の通り抜けピロティ空間

ザ・アーチ（2005年、AGCデザイン設計、231m）。インターナショナル・コマース・センターに近接し、九龍地区の新たなランドマーク

ニナ・タワー（2006年、アーサー・CS・クォク、カーサ・デザイン・インターナショナル設計、320m）

ワン・アイランド・イースト（2008年、ウォン＆ウーヤン設計、298m）

香港島の日常的なイベント「シンフォニー・オブ・ライツ」。高層建築群の動くライティングや放射される光のショー

深圳 | 継続する高さへの挑戦
Shenzhen

シュン・ヒング・スクエア（1996年、アメリカン・デザイン・アソシエイツ、K.Y.チェング・デザイン・アソシエイツ設計、384m）

　深圳は中国のほぼ南端に位置し、経済規模では中国内で広州に次ぎ第4位の都市である。1980年の改革開放により深圳は中央政府から直轄の経済特区に指定され、外国資本による投資で、十数年のうちに高層建築が林立する都市に変貌した。深圳は香港と唯一接する中国の都市であり、1997年の香港返還に伴い製造業が香港から深圳に移転したのと時期を同じくして、1996年以降に多くの高層建築が竣工している。現在では世界第2位（中国1）の高さになる超高層ビル、平安国際金融センター（642m）建設が計画されており、その他にも600m超えの高層建築の計画が五つ以上あることから今後のさらなる高層化が予想される。

　高層建築の分布は大きく3か所に分かれる。香港と鉄道がつながる深圳駅周辺はビジネスエリアと住居エリアの境界であり、現在深圳一の高さを誇るKK100（2011年、TFPファレルズ設計、442m）が位置する。華強北駅周辺にはSEG・プラザ（2000年、フア・ユイ・デザイン設計、356m）を中心として高層建築が林立している。市民広場の周辺には大規模の展示施設、カンファレンスセンターである深圳市民中心と深圳会展中心を中心軸にして左右の両側に高層建築が林立している。幹線道路である深南大道と地下鉄が大動脈となり3か所は連結されている。

　深圳の高層建築の代表的事例としては第一にKK100が挙げられる。KK100は現在深圳一の高さを誇り、低層部から頂部まで連続的な曲面の外皮で覆われた形態が特徴的である。その曲面形態は深圳の繁栄のシンボルとして噴水を思い起こすように意図してデザインされたものである。シュン・ヒング・スクエア（1996年、アメリカン・デザイン・アソシエイツ、K.Y.チェング・デザイン・アソシエイツ設計、384m）はKK100が建つまでは深圳で最も高い高層建築であった。その形態は漢字の「美」の形をモチーフにしてデザインされたといわれている。ゴールデン・ビジネス・センター（2004年、228m）は建物全体が金色で覆われている。中国で金は好まれる色の一つであるが、このように金色で全体を覆った高層建築は土着の文化から生まれたといえるのではないだろうか。[T.M.]

市民広場周辺を囲むように高層建築が林立する

川が香港と深圳との国境線となる

KK100（2011年、TFPファレルズ設計、442m） メインエントランスは曲面を引き延ばしたようなデザインであり全体と一体的である。頂部にはホテルに付属したアトリウムが設けられでおり、深圳市をパノラマで一望することができる

深圳ストック・エクスチェンジ (2013年、OMA設計、246m)。外壁のパターンと大きさが異なる直方体を積み上げたシンプルでありながら大胆な形態。金融取引所とオフィスのための高層建築

チャイナ・マーチャント・バンク・タワー (2001年、249m)。四角形が連続的に多角形に変化して積層する形態と頂部が広がる形態が特徴的である

フング・チェング・プラザ (2004年、218m)。高層部、中層部、低層部で平面形が大きく異なる

フォーチュン・タワー (2008年、218m)。二つの形態を噛み合わせたような形態

ゴールデン・ビジネス・センター (2004年、228m)。金色で全体が覆われた珍しい事例

深圳AVIC・プラザ (2012年、SOM設計、254m)。斜面からなる外皮が特徴的

エクセレンス・センチュリー・プラザ・タワー1（2010年、チャイナ・コンストラクション・デザイン・インターナショナル設計、280m）。ファサードには微妙な斜面の組み合わせのパターンがあり、光の当たり方の違いにより模様が外観に浮きでる

SEG・プラザ（2000年、フア・ユイ・デザイン設計、356m）。八角柱は国際的にも珍しい。頂部の格子部分はひと工夫されており、300mを超える超高層建築としてランドマークになっている

深圳スペシャル・ゾーン・デイリー・タワー（1998年、ゴング・ウェイ・ミン、ルー・ヤン設計、260m）

NEOタワーA、B（2011年、チャイナ・コンストラクション・デザイン・インターナショナル設計、237m、176m）

ニュー・センチュリー・プラザ・ウェスト、イースト（2003年、チェン・シー・ミン・アーキテクツ設計、201m、177m）

グレイト・チャイナ・インターナショナル・インベストメント・プラザ1

広州 | シンメトリックに配された高層建築群
Guangzhou

広州タワーから珠江新城 CBDを眺める。CTF金融センターは2012年9月の調査時には低層部の骨組しか見えないが、2015年7月には頂部まで組み上がっており、上海タワーに次いで中国第2位の高さとなった

広州タワー内に置かれた珠江新城CBDの計画模型。北側から広州タワーを眺めており、左奥にひときわ高く聳えているのがCTF金融センター

　広州は古くから貿易港として栄え、現在経済的には北京、上海に次ぐ中国第3の都市である。香港、マカオ、深圳とともに、世界最大の人口集積地域「珠江デルタ」を形成している。

　広州の高層建築の嚆矢は、現在も珠江沿いに位置する愛群ホテル（1937年、64m）とされる。以降、広州ホテル（1968年、87m）、白雲ホテル（1976年、117m）、広東国際ビル（1990年、200m）と最高高さは更新されていったが、これらは広州駅の南から珠江までの間を中心とする旧市街に位置している。高層化が本格化するのは開発の舞台を旧市街の東のエリアに移した1990年代後半からである。広州東駅（1996年に天河駅として開業）を北端とし、天河体育中心体育場（1987年）を経て珠江北岸に至る南北4kmの軸線に沿って新しいCBD（中心業務地区）が形成され、広州タワー（2010年、600m）が軸線上の珠江南岸に聳え立っている。天河体育中心体育場の北にはCITICプラザ（1997年、391m）がやはり軸線上に建っており、これらを結ぶエリアに多くの超高層建築が建設されている。CITICプラザの位置する広州東駅南側の開発が当初は先行していたが、現在最も開発が盛んなのは珠江北側の珠江新城地区である。広州における超高層建設は現在でも続いているが、建設のピークは2000年代後半となっている。これは2010年アジア競技大会において広州のプレゼンスを示すためといわれている。

　珠江新城地区は中国国務院より3番目に認可を受け1992年より開発計画を開始した中国を代表するCBDで、10年間の構想を経て2003年から本格的に着工し始めた。地区全体は6.44km²であるが、最も特徴的なのは1km²のコアエリアである。南北軸線上に緑地広場を設けて歩行者空間とし、その東西にシンメトリックに超高層建築を配している。2015年現在、広州で最も高い広州国際金融センター（2010年、439m）は広州西塔とも呼ばれており、開発当初から広州東塔とツウィンタワーをなすよう計画されていた。広州国際金融センターは竣工時には上海環球金融中心に次いで中国第2の高さとなったがすぐに香港のインターナショナル・コマース・センターなどに抜かれたため、広州東塔にあたるCTF金融センター（2016年竣工予定）は高さを488mから530mに設計変更して建設中である。他にも、ザ・ピナクル（2012年、360m）と広州銀行タワー（2012年、267m）、パール・リバー・タワー（2012年、310m）とフォーチュン・センター（2015年竣工予定、310m）など南北軸に対して線対称に超高層建築が計画されている。対称位置の建築は形状にも類似性があり、完全にシンメトリーではないものの、コアエリア全体として統一感が感じられるようなデザインとなっている。なお、中央広場の地下も計画的に開発され、ショッピングモールなどとして利用されている。

［A.N.＋R.I.］

広州タワー（2010年、インフォメーション・ベースド・アーキテクチャー設計、600m）。東京スカイツリーに次ぎ世界第2位の高さの電波塔

CITICプラザ（1997年、デニス・ラウ＆ン・チュン・マン設計事務所、391m）。竣工時には中国で最も高いビルであった

広州タワー屋上には遊戯施設（観覧車とフリーフォール）が設置されている

CTF金融センター（2016年竣工予定、KPF設計、530m）。世界最高速（1200m／分）の日本企業のエレベーターが納入される予定

広州国際金融センター(2010年、ウィルキンソン・エア設計、439m)。現在、広州で最も高いビル。透明な水晶をコンセプトとし、丸みを帯びた三角形平面となっている

パール・リバー・タワー(2012年、SOM設計、310m)。四つの風穴にはウィンド・タービン発電機がそれぞれ設置され、ファサードはウィンド・キャッチャーとしての機能ももつ

ザ・ピナクル（2012年、広州瀚華建設設計、360m）

左：リートップ・プラザ（2012年、マーフィー・ヤーン事務所設計、303m）、右：広州銀行タワー（2012年、広州設計院設計、267m）

R＆Fセンター（2007年、アエダス設計、243m）

国際金融プレイス（2007年、許李厳建築士事務所設計、198m）

R＆Fリッツ・カールトン・ホテル（2007年、WATG設計、181m）

センター・プラザ（2004年、広東省建築設計研究院設計、202m）

ビクトリー・プラザ（2007年、広州市城市建設開発集団設計、223m）

ワンリンク・センター（2010年、華南理工大学建築設計院設計、218m）

太古匯タワー1&2（2011年、アルキテクトニカ設計、211m、165m）

メトロ・プラザ（1996年、華南理工大学建築設計院設計、199m）

バーシー・プラザ（2007年、191m）

バーティカル・シティー（2010年、五合国際建築設計集団設計、208m）

中華国際センター（2007年、汕頭建設設計院設計、269m）

大鵬国際プラザ（2006年、広州承総設計院設計、269m）

広東国際ビル（1990年、広東省建築設計研究院設計、200m）

117

上海 | 中国のスカイスクレイパー・ショーケース
Shanghai

　上海は人口、経済ともに首都の北京を凌ぐ都市であり、中国において商業、金融、工業、交通などの中心都市の一つである。1992年に設置された浦東新区には高層建築が連なり、黄浦江の対岸から一望できる。1993年につくられた浦東新区の完成予想図では群を抜いた高さの3棟の超高層ビルが隣同士に描かれているが、その3棟の形態の相違に急激に成長する中国の高層建築の最前線を見ることができる。ジン・マオ・タワー（1999年、SOM設計、421m）は階数が上がるごとに徐々にセットバックする形態であり、伝統的な仏塔をモチーフにしたデザインといわれている。中国伝統の風水の思想も取り入れられており、建物が88階であるなど中国文化における吉数である8があらゆる箇所の基準や寸法に利用されている。

　上海環球金融中心（2008年、KPF設計、492m）は四角柱と曲面を組み合わせた形態であり、頂部は台形に穿孔されている。KPFによると、古代中国で「地」を表現する四角柱と、「天」を表現する二つの宇宙弧とを交差した形態であり、そのことで「空に向けての上昇」を表現しているとのことである。頂部の穿孔は風によるビルへの加重を軽減するためのものである。当初は、円形の穴であり、「月亮門」という中国庭園の壁にくりぬかれた円形の門をかたどったものといわれていたが、最終的には台形の形態に変更された。中国の伝統に起点があるデザインである点はジン・マオ・タワーと共通するが、実際の形態はより抽象的になっており、曲面が強調され、少ない要素で構成されている。

　上海タワー（2015年、ゲンスラー設計、632m）は竣工すると世界第2位の高さとなり、螺旋状にねじり回転しながら高くなっていく三次元曲面が印象的である。ゲンスラーによると、風圧に対してのシミュレーションにより最適なねじり回転として120°が算出され、丸みのある形態となっている。その結果ファサードにかかる風圧を24％削減し、構造体の材料に掛かる費用を5800万ドル削減している。ジン・マオ・タワーと上海環球金融中心が伝統的なデザインや思想をモチーフにしたのに対して、上海タワーはエネルギー効率の向上や持続可能性についても重きを置くことにより、三次元曲面から構成された左右非対称の特徴的なアイコンとなることに成功している。［T.M.］

浦東新区の案内図

SWFC展望台に設置された浦東新区の模型

SWFC展望台からオリエンタルパールタワーの方向を見る

上海環球金融中心　　　　　　　　　　ジン・マオ・タワー　　　　　　　　　上海タワー
(2008年、KPF設計、492m)　　　　　　(1999年、SOM設計、421m)　　　　　　(2015年、ゲンスラー設計、632m)

リヴィエラ・ツウィン・スター・スクエア1、2（2005年、アルキテクトニカ設計、218m）。曲面を内側にして線対称に向き合う連棟は内側の空間の存在を強調する

バンク・オブ・チャイナ・タワー上海（2000年、日建設計、232m）。上下で四角柱と曲面体との二つの形態が複合したような形態をしている

左：BOCOMファイナンシャル・タワーズ（1999年、ABBアルキテクトン設計、265m）。右：バンク・オブ・シャンハイ・ヘッドクウォーターズ・ビルディング（2005年、丹下都市建築設計、252m）

上海国際金融中心1、2（2010年、シーザー・ペリ&アソシエイツ・アーキテクツ設計、260m、250m）。四角柱の角をそぎ落としたような形態の連棟

チャイナ・マーチャンツ・バンク・マンション（2013年、RMJM設計、208m）。頂部が曲面の類似する形態を高さを変えて組み合わせている

ワールド・ファイナンス・タワー（1997年、リー&オレンジ設計、212m）。緑色と茶色を組み合わせた色合いと頂部の形態が目を引く

バンド・センター(2002年、ジョン・ポートマン＆アソシエイツ設計、199m)。租界地区であった外灘のランドマーク

シマオ・インターナショナル・プラザ(2006年、インゲンホーフェン・オーバーディエック＆パートナー；ECADI設計、333m)。歩行者で賑わう北京西路沿いに建つ

香港ニュー・ワールド・タワー(2004年、ブレッグマン＆ハーマン・アーキテクツ設計、278m)。新しい商業エリアである新世界に隣接するランドマーク

プラザ66タワー1、2(2001年、フランクCYフェング・アーキテクツ＆アソシエイツ設計、288m)

プルマン上海スカイウェイ・ホテル(2007年、ブレッグマン＆ハーマン・アーキテクツ設計、226m)。三角柱を全体的に丸みをもたせたような形態をしている

グランド・ゲイトウェイ・シャンハイ1、2(2005年、カリソン・アーキテクチャー・インコーポレイティッド設計、262m)。浦東新区の他の地域では駅や幹線道路、また商業ビルと結合した超高層建築が多い。この事例は駅前のショッピングセンターと一体的になっている

上海ウィーロック・スクエア（20010年、KPF設計、270m）。割れ目のあるファサードと部分的に突きでた頂部形態により二つの外皮により内部が覆われたような外観が印象的である

トゥモロー・スクエア（2003年、ジョン・ポートマン＆アソシエイツ設計、285m）。上下で四角柱を45度回転させている大胆な形態は国際的に珍しい。頂部の尖頭の形態はシャープな印象を強めている

クラウド・ナイン（2006年、アルキテクトニカ設計、238m）。シンプルな二つの形態を噛み合わせたような形態。なだらかな曲面を頂部から基壇まで連続させることで方向性のある形態となっている

上海ロンジモント・ホテル（2005年、アルキテクトニカ設計、218m）。2か所のセットバックと斜めに切り取られた頂部、また外皮の色分けした模様により固有性を獲得している

北京 | 多彩なスカイスクレイパー群の競演
Beijing

国貿地区の全景。中央左が中国ワールド・トレードセンター・タワー、その手前に北京インタイ・センター・パークタワー、さらに手前が山本理顕設計の建外SOHO、中央右上にCCTV本社が見える。前門東側に位置する北京市規画展覧館3階に北京中心部の巨大ジオラマ模型が展示されており、その一部を拡大した。建設中・計画中の建築も含まれている

　北京では1980年代後半より100mを超える事例が出現し、特に天安門広場から約4km東に位置する国貿地区を中心に高層建築の開発計画が重点的に進められている。現在では、150mを超える高層が約25棟であり、数の上では中国国内で約10番目であるが、著名建築家の高層建築作品や連棟型の開発が多いなど、北京ならではのいくつかの特徴が見られる。

　最も高い建造物は、天安門から西に5kmに立地する中央TV塔（1992年、405m）であり、建築としては、中国ワールド・トレードセンター・タワー3（2010年、SOM設計、330m）である。このワールド・トレードセンターでは、タワー1（1989年）、タワー2（1999年）が日建設計により155mの高層建築として建てられた。タワー3は倍以上の高さになり、ファサードの垂直方向へのデザインである透明な部材は日除けと昼光の調節の役割を果たすなど環境面にも配慮し、LEEDのゴールド認定を受けている。その道向かいに建つOMA設計のCCTV本社（中国中央TV本社、2012年、239m）は、不規則なグリッドを形成する2本のチューブ構造で覆われたタワーが上部で75mの片持ち梁によって接合された特徴的な形態をもつ。CCTV本社の北隣のTVCC（テレヴィジョン・カルチュラル・センター）もOMA設計で、ホールとホテルの複合施設であるが、2009年の花火からの引火が原因となった火災で、竣工が遅れた。

　北京全体で連棟型の開発が多く、国貿地区では市内3番目の高さの塔を含む北京インタイ・センター・パークタワー（2008年、ジョン・ポーツマン設計、250m）を中心とする3棟の箱型高層群、ゲムデール・プラザ・タワー（2007年、SOM設計、168m）の2棟のL型配置、中国セントラル・プレイス・タワー（2006年、KPF設計、167m）の3棟の鋭角形態高層の連棟などが、高さの点でも目立つ例である。用途面では、世界的な動向としては居住施設が多くなっている中で、オフィス・ビルが多い点も北京の高層建築の特徴の一つである。

　国貿地区から離れるが、オリンピック公園に近接するパング・プラザ・ビル（2008年、李祖原設計、192m）は、上部のデザインは聖火、足元の中層棟を含めた全体像は龍をモチーフにしたようなデザインをもつ。北東郊外では、ザハ・ハディド設計のワンジンSOHOが竣工し、200mの高さにも達する3棟の曲面体の高層群は独特な光景を生みだしている。

　　　　　　　　　　　　　　[K.K.＋R.I.]

ワンジンSOHO（2014年、ザハ・ハディド設計、T3棟は200m）

前門東側に位置する北京市規画展覧館3階、北京中心部の巨大ジオラマ模型の展示室風景

中国ワールド・トレードセンター・タワー3（2010年、SOM設計、330m）。右が外観全景、上3点の写真はエントランス近景、エントランス・ホール内部、エントランス・ホールに展示されたワールド・トレードセンター全体を示す模型。模型でタワー3の手前に見えるタワー1、2は日建設計による

国貿地区の遠景。中央に中国ワールド・トレードセンター・タワー3、その左に北京インタイ・センター・パークタワー、右隅にCCTV本社が見える。国貿地区の南側の地域に立地する今日美術館の2階エントランス・デッキから撮影

フォーチュン・ファイナンシャル・センター（2014年、P&Tグループ設計、267m）。北京で2番目の高さ

北京インタイ・センター・パークタワー（2008年、ジョン・ポーツマン設計、250m）を中心に3棟を見上げる

北京TVセンター（2006年、北京建築設計院＋日建設計、239m）

右はCCTV本社（中国中央TV本社、2012年、OMA設計、239m）、左はTVCC（テレヴィジョン・カルチュラル・センター、OMA設計、159m）

CCTV本社を見上げる

ゲムデール・プラザ・タワー（2007年、SOM設計、168m）。2棟のL型配置

中国セントラル・プレイス・タワー（2006年、KPF設計、167m）。3棟の鋭角形態の連棟

バング・プラザ・ビル（2008年、李祖原設計、192m）。李祖原は台湾の建築家で、台北101の設計で有名

ジン・グァン・センター（1990年、日本設計、208m）。国貿地区から少し離れた立地で、北京では初期の高層建築である

中央TV塔（1992年、405m）。現時点では、北京で最も高い建造物である

中国ワールド・トレードセンター・タワー3の上階にあるホテル・ロビーから、CCTV本社とTVCCを見おろす。CCTV本社の右側の敷地には、右写真のツァンゴウ・ツゥン（2018年完成予定、KPF設計、528m）という圧倒的な高さに達する高層建築が建つ予定である

ツァンゴウ・ツゥンの完成予想図

台湾 | 眩惑のアジアン・ポストモダン
Taiwan

台北101（2004年、李祖原設計、508m）夜景。2010年にブルジュ・ハリファが建設されるまで世界で最も高い建築だった

台北101の展望台から。中心部から離れた信義地区に建つ圧倒的に高い台北101からは、西側にあまり高層化されていない台北の市街地が見渡せる

台北101遠景。他に比較するものがないくらい飛び抜けて高い

宏国大樓（1989年、李祖原設計）。木組みの建築を思わせる迫力のある造形

　現代台湾の超高層建築の魅力をひと言でいえば、その彩り豊かな装飾性だろう。李祖原に代表される現代台湾の超高層建築は表現力豊かで地域の文化的特性を備えた超高層建築の意匠を生みだした。李はアメリカで学び実務を経験した後、台湾を中心とした東アジア圏で中華文化を想起させる独特なモチーフを駆使した建築を設計している。中でも最も重要なものが台北101（2004年）である。台北101は高さ508mで2010年にブルジュ・ハリファにその座を譲るまで世界で最も高いビルであり、2011年にはLEEDプラチナを取得し環境技術においても高評価を得ている。高度な技術のみならず8層ごとに竹の節のようにくびれる四角錐を8段積み上げるというデザインは、8が中華文化でよい数字とされることに着想を得ている。このようなモチーフの採用は、高層建築における文化的アイデンティティへの要求が均質なフロアの積層というモダニズム的効率性を凌駕している証左ともいえよう。李は木造の斗栱をモチーフとした宏国大樓やパゴダをモチーフとした長谷世貿聯合國大樓、漢字の「高」に着想を得た形態をもつ高雄85タワー等、強烈な個性をもつ建築を各地に手がけており、李によって現代台湾超高層建築の特色が築かれたといっても過言ではない。

　近年、都市近郊に大量供給されている高層集合住宅にもポストモダン的特徴が見られる。高級不動産と推測される集合住宅では低層部に擬古典様式、中層部・頂部にはアールデコの装飾的意匠を施されたものが多数存在する。台北郊外の新北市や台中の新興開発地区といった歴史的文脈の希薄な地域における高付加価値化の手法、あるいは中国からの投資で高騰する不動産バブルの表現ともいえるだろう。不動産バブルと超高層建築におけるアールデコの結びつきは必然性があるのだろうか。

　一方で、台湾の高層建築の歴史は、日本の超高層建築と深いつながりをもつ郭茂林を抜きには語れない。郭茂林は台北工業専門学校（現国立台北科技大）を卒業し、東京大学岸田日出刀・吉武泰水研究室で助手を務めた後、日本初の超高層建築となった霞が関ビルや池袋サンシャイン60の建設、さらに新宿副都心計画における中心的な役割を果たした人物である。日本で活躍する一方で、祖国台湾にも日本の高層建築の技術を導入し台湾初の100m超えの台湾電力本社ビル（1983年）や新光人壽ビル（1993年、建設当時台湾最高）等の建設に取り組み、新宿副都心の計画理念を参考にした信義副都心構想を進めるなど台湾建築の高層化、都市近代化の推進を担った文字通り中心人物である。

　現代の独特なポストモダン的意匠を繰り広げる台湾の超高層建築が、一人の郭茂林という人物によって日本の超高層建築と強いつながりをもっているのは極めて興味深いといえるだろう。[A.K.＋K.O.]

信義地区。左：ファー・グローリー金融センター（2013年、李祖原設計、208m）。右：プレジデント・エンパイヤ・コーポレーション・タワー（2003年、丹下健三都市建築設計研究所、154m）

新光人壽ビル（1993年、郭茂林設計、245m）。建設当時は台湾で最も高い建築だった

グオ・ディン（2009年、100m）。頂部コーニス、足下も様式建築

新北市市庁舎（2002年、141m）。台北の南西に位置する新北市の市庁舎

聯聚方庭（2010年、155m）

聯聚信義（2009年、120m）

東方帝國（2010年、38階）

2009年から2013年頃に建設された台中市市庁舎周辺の高層集合住宅。手の込んだアールデコ調の外観をもつものが多く見られる。共用部となる足下周りのデザインは古典主義様式の装飾によって豪華さが演出されている。建物名にも「パレス」や「ロイヤル」等の言葉がちりばめられている

獨秀（2013年、台中、130m）

高雄85タワー（1997年、李祖原設計、348m）。高雄の旧市街よりも南部の再開発の行われた地域に位置する。漢字の「高」をモチーフにした中央に空隙のあるヴォリュームの造形と、装飾的なディテールにより極めて独特かつ印象的な外観をつくりだしている

グランド50タワー（1992年、李祖原設計、222m）

中國鋼鐵本社ビル（2012年、クリス・ヤオ・アルテック設計、135m）

台湾リーダー・エンタープライズ・タワー1、2（1991年、92年、108m、105m）。海岸沿いに並立し、空が映り込む典型的なモダニズム建築

韓国 | 都市や地区で異なる多彩な積層活用法
Korea

63ビルの展望台から見る汝矣島の街並み。日本統治時代に軍用飛行場として使用されていたこの島は現在、証券会社のオフィスビルや放送局などが集中している

　韓国は1960年代以降、大きな経済成長を遂げてきた。その後、1980年代から200m後半の高層建築が建設され始め、ソウル特別市、釜山広域市、仁川広域市は韓国における人口数の上位を占めると同時に、経済発展の象徴ともいえる大規模な高層建築によって都市が形づくられてきた。

　ソウルは韓国における最大の経済都市であり、高層建築においても重要な事例が多く立地する場所である。主に汝矣島（Yeouido）、江南区（Gangnam-gu）、中区（Jung-gu）が高層建築が顕著に立地する地区であり、特に汝矣島、江南区ではそれぞれ63ビル（1985年、265m）、ソウル世界貿易センター（1988年、228m）が有名であり、63ビルは完成と同時に、それまでアジアで最も高いビルであった日本のサンシャイン60（1978年、239m）を抜き、シンガポールのOUBセンター（1986年、280m）が建つ数か月の間アジア一の高さを誇ることとなった。その後、ソウル世界貿易センターが建設されることとなるが、これは日本の日建設計によって意匠、構造設計が行われており、地震の多い国では困難な、高さとデザイン性の豊かさの融合が実現された興味深い事例である。

　釜山は対馬海峡に面し、港湾都市として栄えてきた歴史をもつ。高層建築の建設に関しては21世紀に入り目立つようになり、その歴史はソウルに比べると深いとはいえないが、海岸沿いに集中して高さ300mにおよぶものが多く建てられている。特に、釜山を代表するリゾート地であり、1994年に観光特区に指定されたことによって大規模開発が行われた海雲台ビーチでは、国際的な建築家であるダニエル・リベスキンドによって設計された海雲台Iパークマリーナ（2011年、281m）等の魅力的なガラス張り高層建築によって、スタイリッシュで先進的な景観が形づくられている。

　仁川は、2001年に仁川国際空港が開港して以来、自由貿易地域に指定されており経済、金融の中心地として開発が進んでいる。特に松島国際都市では広大な広場とそれを囲む多くの高層建築が立地しており、韓国において全く新しい開発都市として注目を集めている。また、松島国際都市のシンボルとなっている北東アジア貿易タワー（2014年、305m）は韓国に建つ高層建築において最も高いものとなっている。[K.M.]

ソウル・汝矣島

汝矣島の大通りに並ぶ高層建築群。写真中央に高く聳え立つS・トレニュー(2009年、マス・スタディス設計、165m)などの特徴的な形態によって、様々な表情を都市に見せている

国際金融センター・ビル(2012年、アルキテクトニカ設計、279m)。3棟の複数棟形式の高層建築であり、中央部分の棟は韓国の中で2番目の高さを誇る

FKIタワー(2013年、AS+GG設計、243m)。ギザギザのディテール部分にはソーラーパネルが設けられており、環境配慮型の高層建築といえる

63ビル(1985年、SOM設計、265m)。頂部はソウルを一望できる展望台となっており、夕暮れ時には全体が金色に輝くことで街のシンボルとなる

ロッテ・キャッスル・アイヴィ(2005年、140m)。足下の商業施設との複合された集合住宅であり、全面ガラス張りが街のアクセントになっている

ソウル・江南区

サムスン・エレクトロニクス本社ビル（2008年、KPF設計、203m）

ソウル世界貿易センター（1988年、日建設計、228m）。日建設計によって意匠、構造設計がなされた高層建築。日本ではなかなか見られない特徴的な造形が韓国において実現されている

ブティック・モナコ（2008年、マス・スタディス設計、117m）

瑞草ガラック・タワー（2010年、コンソート・アーキテクツ設計、130m）

東部金融ビル（2001年、KPF設計、151m）

ソウル・中区

グロスター・センター・タワー（2010年、フィリム・アーキテクツ設計、140m）。歩行者で賑わう清渓川沿いに立地しており、遠景から見られる特徴的なヴォリューム感とともに足下空間も丁寧にデザインされ、街の賑わいを巧く受け止めている

SKテレコム本社ビル（2003年、RAD設計、147m）

鍾路タワー（1999年、ラファエル・ヴィニョリ設計、132m）

釜山

大規模開発によって観光リゾート地となった海雲台ビーチ。奥に斗山本社ビル、ウィーヴ・ザ・ゼニス（2011年、デスティファーノ・アーキテクツ設計、300m）、海雲台Ｉパークマリーナ（2011年、ダニエル・リベスキンド設計、281m）の頭部が見える

海雲台Ｉパークマリーナ（2011年、ダニエル・リベスキンド設計、281m）

斗山本社ビル、ウィーヴ・ザ・ゼニス（2011年、デスティファーノ・アーキテクツ設計、300m）

仁川

松島国際都市の全景。緑豊かな松島セントラルパークを中心として、それを囲むように高層建築が集中している。中央奥に韓国で最も高い超高層建築である北東アジア貿易タワー（2014年、KPF設計、305m）が建つ。独特な形態の高層建築が集まることで近未来的な新都市の完成が期待される

松島Gタワー（2013年、ヘアン・アーキテクチャ設計、153m）。くの字に開いた展望台をもち、松島国際都市を一望できる

松島ポスコ・セントラルパーク1（2011年、HOK設計、169m）

松島ポスコ・セントラルパーク2（2010年、HOK設計、169m）

シンガポール | 東南アジアを牽引する高層都市
Singapore

マリーナベイ全景。左にマリーナベイ・サンズ、中央遠方にマリーナベイ・ファイナンシャルセンター・タワー群。右端にOUBセンターを望む

シンガポールには、高さ200mを超える事例は22棟あるが、280mの高さ制限があったため、300mを超える建物はない。1970年頃から高層建築が建てられ始めたが、特に2000年以降に建てられた事例が多く、年々高層建築が増加している。1971年に初の国土計画となるコンセプトプランが発表された。3次となる現行の「コンセプトプラン2001」では、都市再開発庁が都市開発デザインを担い、美しく住みやすい国家づくりを目指している。高層建築の多くは、中心市街地のウォーターフロントに建っている。

シンガポール川沿いにある高層建築は、比較的早い時期に建てられた。UOBプラザは、丹下健三による設計であり、八角形を基本とするヴォリュームが回転して成り立つ。また、OUBセンターは、二つの三角形による複合形から成り立ち、無柱空間をつくりだした。広いスペースが確保されている。また、ワン・ラッフルズ・プレイスタワー2が、新しく隣接した。

一方、ベイフロント地区は近年開発が進んでいる地区である。ザ・セイル@マリーナベイ、セントラルパークタワーは、2棟の集合住宅棟であり、両棟の間は峡谷を表し、帆をモチーフとして設計されている。マリーナベイ・ファイナンシャルセンター・タワー1～3やマリーナベイ・レジデンスは、KPFによる設計で、個々のビルの形態はそれぞれ異なるが、外装材を統一することで、調和をもたせている。マリーナベイ・サンズ1～3は、現在のシンガポールを象徴する建物となり都市・観光の開発を促進させた。

中心から少し外れたピナクル@ダクストンは、大きな中庭を囲うように七つの矩形ヴォリュームから構成されている。頂部は連結され展望台を兼ねたスカイブ

リッジになっており、外観には不規則なファサードが生まれる。郊外のリフレクションズ・アット・ケッペルベイタワーは6棟のタワーからなり各々のタワーが互いの方へねじれてペアとなり、ブリッジによって建物同士が接続されている。

　シンガポールには、連棟による高層建築が多々見られるが、これらは一つ一つデザインが違う形態から成り立っており、シンガポールの今日の景観をつくりだしている。高層建築の緑化の探究も先進的であり、今後も東南アジアの高層を牽引し続けるであろう。[T.H.]

シンガポール川沿いの高層建築群の光景、中央がUOBプラザ1、その左奥がOUBセンター

マリーナベイ・サンズ1〜3（2010年、モシェ・サフディ設計、207m）。世界最大のカジノを中心に、ホテル、コンベンションセンター、ショッピングモール、美術館、シアター、グラスパビリオン等からなる複合リゾートホテル。3棟のホテルは屋上にある空中庭園サンズ・スカイパークで繋がっており、シンガポールを一望できる展望台として観光名所となっている

内部は、吹抜けによる大空間のロビーが広がる

世界一高い場所にある屋上プール

マリーナベイ・ファイナンシャルセンター・タワー1〜3（2010年、KPF設計、186m、245m、239m）。マリーナベイ・レジデンス（2010年、KPF設計、227m）。シンガポールの新興ビジネス・経済地区の中心地に位置し、シンガポールの近代化を象徴する高層ビル群となっている

リフレクションズ・アット・ケッペルベイタワー（2011年、ダニエル・リベスキンド設計、175m）。ハーバーフロント地区の大型低層高層複合コンドミニアム。6棟の外観が非常に変わっている高層コンドミニアムと11棟の低層のアパートメントから成り立っている

ザ・セイル＠マリーナベイ（2008年、NBBJ設計、245m）。セントラルパークタワー（2008年、NBBJ設計、215m）

ピナクル＠ダクストン（2009年、ARCスタジオ・アーキテクチャー＆アーバニズム設計、163m）。7棟の頂部はスカイブリッジでつながる。ブリッジ、地上広場とも緑化やオブジェによってデザインされている

UOBプラザ1（1992年、丹下健三都市建築設計研究所、280m）。UOBプラザ2（1995年、丹下健三都市建築設計研究所、162m）。先端に向かってセットバックする

OUBセンター（1986年、丹下健三都市建築設計研究所、278m）。ワン・ラッフルズ・プレイスタワー2（2012年、丹下都市建築設計、210m）。二つの三角形から成る平面形

リパブリック・プラザ（1996年、RSPアーキテクツ Sdn Bhd設計、276m）。2階建てEVの採用により中央コアの面積を減らしている

キャピタルタワー（2000年、RSPアーキテクツ Sdn Bhd設計、255m）。4番目に高い高層建築

オーシャン・フィナンシャル・センター（2011年、ペリ・クラーク・ペリ・アーキテクツ設計、245m）。曲面形態を強調させるような水平模様の外観

アジア・スクエアタワー1（2011年、デントン・コーカー・マーシャル設計、229m）。外壁はバーコード柄になっている

オーバーシー・チャイニーズ銀行（1976年、I.M.ペイ＆パートナーズ設計、198m）。日除けキャンチレバーによる外観

ザ・コンコース（1995年、アーキテクツ61、ポール・ルドルフ設計、175m）。ショッピングモールが入っている

メリタス・マンダリンタワー1、2（1973年、152m）。シンガポールで一番最初に建てられた高層建築

クアラルンプール | 伝統が息づく国際都市
Kuala Lumpur

KLタワー（電波塔）からKLCCを見た風景。ペトロナス・ツウィンタワーがクアラルンプールのランドマークとなっている

　クアラルンプールでは、1984年に発表された都市の構造計画により高層化が始まり、1992年以降のシティセンター（KLCC）の再開発に伴い、新都心が形成されてきた。さらに1995年よりクアラルンプールセントラル駅を中心とした鉄道網が順次開業し、都市交通の充実に伴い郊外での開発も進んでいる。これらの開発は1997年のアジア金融・経済危機で一度は下火になるものの、近年再び火が付いている。こうした急激な流れの中で、マレーシア独自の建築様式とされるモハメダン建築の特徴が高層建築にも現れている。

　モハメダン建築とは、マレーシア建築家協会の定義によれば、「ヨーロッパの建築様式やモダン建築にイスラム的要素が積極的に導入されたもの」とされ、球根状のドームなどのイスラム建築の幾何学曲線を用いず、水平性・垂直性を強調し、配置計画を含めてより単純化される場合が多いことが特徴である。一例として、クアラルンプール初の150m超えであるダヤブミ・コンプレックスでは、ファサードと平面計画に八芒星の幾何学のパターンを、最上部とエントランスにはイスラムの尖塔アーチを用いている。また、バンナン・タブン・ハジは頂部を尖塔アーチで装飾し、5本の外部の柱がイスラムの五行を象徴した平面計画になっている。加えて、バナキュラリズムの影響も忘れてはならない。都市文化として成立するマレー系民族文化の発掘を振興する動きが、マレーシアにおけるバナキュラリズムであるが、その建築的特徴が高層建築にも現れている。メナラ・メイバンクはエントランスに三角形の屋根形状を連続的に用い、伝統的なマレーハウスの屋根を引用しているとされる。

　この事例は同時にモハメダン建築の特徴ももちあわせており、竣工当時にはクアラルンプール一高いランドマークであった。これら伝統的な建築的特徴は概してマレーシア出身の建築家によるデザインであったが、アメリカ人建築家シーザー・ペリが設計したペトロナス・ツウィン・タワーは竣工当時、世界一の高さであり、八芒星を基本とした平面計画や、入口のデザインに伝統的な手工芸の木工彫刻とマレーハウスの屋根が採り入れられており、マレーシア独自の建築的特徴を十分に用いている。こうした宗教や伝統の引用は、国際化政策などの影響により多様なデザインの中で埋没してきているものの、今も息づいている。［R.S.］

上：ペトロナス・ツウィン・タワー（1998年、シーザー・ペリ&アソシエイツ設計、452m）。2棟の間を結ぶスカイデッキは構造的な役割も担っている
左下：八芒星から平面を起こしたダイアグラム
中下：1Fショッピングモールのアトリウム
右下：マレーシア伝統の木工彫刻を模した外壁装飾

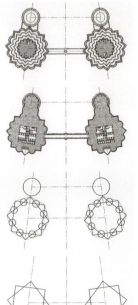

メナラ・テレコム（2001年、ヒジャス・カストリ・アソシエイツ設計、310m）。クアラルンプールで2番目に高い。天空に延びる若竹の茎をモチーフとし、異なるヴォリュームの間に6層ごとに空中庭園を設けている。ITオフィスとして高い評価を得ている

左：メナラ・フェルダ（2012年、RSPアーキテクツ設計、216m）。油ヤシの実を引用した、楕円形の平面で構成される

右：メナラ・スタンダードチャータード（1990年、ヒジャス・カストリ・アソシエイツ設計、193m）。五つの長方形のヴォリュームが寄り添う形態をしている

右：メナラ・パブリックバンク（1994年、PSPアーキテクツ設計、170m）。八角形平面が断続的に変化して、陰影のある立面をつくりだしている

左：メナラ・メイバンク（1988年、ヒジャス・カストリ・アソシエイツ、大成建設設計、244m）。エントランスに三角形の屋根形状を連続的に用い、伝統的なマレーハウスの屋根を引用している

メナラ・メイバンクのエントランス。トラスで構成された三角屋根がマレーハウスを彷彿とさせる

上：ダヤブミ・コンプレックス（1984年、BEP＋MAA設計、157m）。ファサード面全面に八芒星の幾何学のパターン、最上部とエントランスにはイスラムの尖塔アーチを用いている
左：ダヤブミ・コンプレックスの外壁パターン

トロイカ・タワー（2010年、フォスター＋パートナーズ設計、204m）。3連棟でそれぞれを中間層のブリッジがつなぐ。シアウォールにより自由な平面形を可能にし、各階層に最適な眺望を提供している

左：ウィズマ・タン・サンバンタン（1988年、ヒジャス・カストリ・アソシエイツ設計、156m）
右：バンナン・タブン・ハジ（1986年、ヒジャス・カストリ・アソシエイツ設計、152m）。5本の外部の柱がイスラムの五行を象徴した平面計画になっている

メナラ・メシニアガ（1992年、T.R.ハムザ＆ヤン設計、63m）。環境配慮型高層建築の試みとして、太陽の動きに合わせて最適な採光がとれるよう螺旋状の断面構成をしている

ベトナム ｜ 建設ラッシュを迎える二大都市の共演
Vietnam

　ベトナムには、高さ200mを超える事例は5棟あり、首都ハノイでは、2012年に300mを超える建物が竣工している。また、今後建てられる予定の構想段階の200mを超える事例は16事例となっており、建設ラッシュは続いていくと予想される。高層建築の動向としては、1990年頃から高層建築が建てられ始め、2010年頃から急増している。高層建築は、首都ハノイと、貿易・商業・経済の中心都市であるホーチミンに多く建ち、主にこの二つの都市が中心都市となっている。

　高層建築の立地において、ハノイは、大きな道路沿いに高層建築が建てられているものが多く、分散して建つ一方で、ホーチミンでは、中心部に多く集まっている。ホーチミンにおいては、今後、サイゴン川に沿って高層建築が建てられる計画のものも多くあり、川の対岸からの風景は高層建築群として賑わっていくものと思われる。

　首都圏開発に関連して、2008年に「ハノイ首都圏計画2030」が策定されている。一つの都心部、五つの衛星都市、そして三つのエコタウンの組み合わせを開発モデルとして採用している。一方、ホーチミンに関しては、都市再開発マスターアーキテクトに株式会社日建設計が指定され、「ホーチミン計画2025」において、現在の一極集中型から複数の副都心により構成される多核分散型の都市構造への移行を目指している。

　ホーチミンで一番高いビテクスコ・フィナンシャルタワーは、ユニークな形態として話題になったこともあり、ホーチミンにおいて新たなランドマークとなっている。ファサードでは、ホーチミンに建つサンワタワーの外観が、色、素材を多様に使っており、特徴的な形態を提示している。高さはないものの、特徴的な外観により、市の中でも目立つ建物として印象づけられている。

　ホーチミンにおける構想段階の建物には、構造がダイナミックなものや、緑化された計画が見られる。今後、多様なデザインが新たに出現すると見られ、よりいっそうの発展が見込まれる都市である。[T.H.]

カンナム・ハノイ・ランドマークタワー展望台からの風景。背後に建つ2棟の住居棟を上部から眺めることができる。足元空間には商業施設が連なり、複合施設となっている

ビテクスコ・フィナンシャルタワー展望台からの風景。中心市街地に建つ中、川沿い近くに建設され、川の反対側の異なる風景も望むことができる

カンナム・ハノイ・ランドマークタワー（2012年、ヘリム・アーキテクツ・アンド・パートナーズ、サモアーキテクツ、HOK設計、336m）。カンナム・ハノイ・レジデンシャルタワー1、2（2011年、212m）。ベトナムで一番高い高層建築。背後に建つ2棟の住居棟とともに開発された。ホテル、オフィス、商業施設等が入居している。72階には市を一望できる展望台とともに、アートギャラリーが併設されている

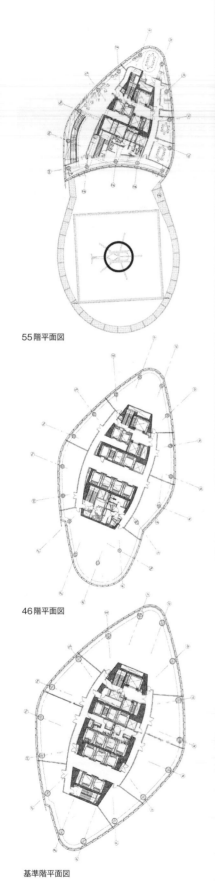

55階平面図

46階平面図

基準階平面図

ビテクスコ・フィナンシャルタワー（2010年、カルロス・サパタ・スタジオ設計、263ｍ）。ホーチミンで一番高い高層建築。ベトナムの主宗教である仏教の蓮のつぼみをモチーフとしたデザインとなっており、市の新たなランドマーク的存在として建っている。オフィス、商業施設、展望台、ヘリポート等が置かれており、展望台からは、フランス統治時代の建物や高層ビル等、様々な光景を一望することができる

ドルフィンプラザタワー1、2（2012年、DPアーキテクツ設計、135m）。ハノイに建つ集合住宅。1階から4階は商業施設やオフィスとして使用し、5階から28階は高級集合住宅となっている

サイゴントレードセンター（1997年、WMKYリミテッド設計、145m）。2010年までホーチミンで一番高い高層建築であった。二つの長細いアンテナが特徴的な外観となっている

サンライズシティタワー（2012年、139m）。現在「サウスタワー」の区画に6棟竣工しており、将来的には「セントラルタワー」「ノースタワー」の区画にそれぞれ4棟と2棟建設される予定で大規模な高級集合住宅となる

サンワタワー（1998年、106m）。ホーチミンに建つオフィス。ファサードは色、素材が多様に使われており、特徴的な外観となっている。ビルの前の広場にはイベント会場が設置され、賑わいのある場所となっている

バンコク | 新旧街並みの混在が生む二面性
Bangkok

バイヨーク・タワーⅡの展望台からの市街地の眺め

　タイは東南アジアの発展途上の国であるが、バンコクには300mを超える高層建築が建っている。高層建築の立地の特徴として、鉄道の路線沿いに高層建築が密集している。高架下を利用したスカイウォークとよばれるペデストリアンデッキが中心市街地を中心に広がっており、直接駅から高層建築へとアクセスがしやすい街となっている。今後、スカイウォークの拡張が計画されており、さらに駅から建物へのアクセスがしやすい街になっていくと考えられる。

　年々高層建築が建つ一方で、古い街並みが多く残っていることもバンコクの特徴の一つである。高級ホテルのすぐそばには、古い建物が続く商店街なども連なり、新旧の対照を感じられる都市となっている。

　ジ・メットは、緑化高層建築を多く手掛けるWOHAアーキテクツによる設計であり、各住戸のバルコニーには植栽が多く見られる。環境に配慮した高層建築であるが、バンコクでも環境に配慮した高層建築が見られるようになった。また、CRCタワーは、オール・シーズンズ・プレイスの中枢的な建物であり、バンコクで5番目に高いビルとなっている。両脇にはCRCタワーと似た外観の少し低いタワーが2棟建ち、一体的に開発された。

　今後、多くの高層建築プロジェクトが控えており、ますます発展する都市になると考えられる。［T.H.］

スカイウォーク

同左

同左

同右

同右。下:展望台からの眺め

バイヨーク・タワーⅡ（1997年、プランアーキテクツ設計、304m）。タイで一番高い高層建築。商業施設、ホテルに加え、展望台やスカイレストランが入っている

対岸からの眺め

ステート・タワー（2001年、ランサーンアーキテクツ設計、247m）。チャオプラヤー河沿いに建つ、金色に輝くドームを冠した5つ星ホテル。ドーム部分には八つのレストランやバーが集まっている。世界一高い場所にある屋外レストランは名所となっている。左：エントランス

ジ・メット（2009年、WOHAアーキテクツ設計、231m）。すべての部屋のベランダに植栽が施され、大きな木が植えられている

CRCタワー（2001年、Ｐ＆Ｔグループ設計、210m）。オール・シーズンズ・プレイスとよばれる四つのビルのうちの一つ

エムパイヤー・タワー（1999年、227m）。ビジネス中央地区に位置する近代的な建物

Qハウス・ルンピニ（2006年、ロバートG.ボウヒー設計）。高層階から市の全景、緑豊かな公園、川を一望できる

ジ・オフィス・アット・セントラルワールド（2004年、Ｐ＆Ｔグループ設計、199m）。ビジネスとショッピングが集まる街中に位置する

サトーン・スクエア・オフィス・タワー（2011年、Ｐ＆Ｔグループ設計、181m）。タイの寺院の上部のデザインから引用している

センタラ・グランド（2008年、プレナン・ピアー・ゴーマン・アーキテクツ、タンデムアーキテクツ設計、235m）。高級ホテル

リバー・サウス・タワー（2012年、HBデザイン、スティーヴン・リーチ・グループ設計、258m）。川に面して建ち眺望を確保している

ジュエリー・トレードセンター（1996年、221m）。宝石商が入居している

ジャカルタ | 都市発展に伴い加速する高層化
Jakarta

メナラBCAの屋上から中心部を見渡す。ひときわ目立つ高層建築はジャカルタで最も高いウィスマ46（1996年、ザイドラー・アーキテクツ設計、262m）。徐々に高層化を進めるジャカルタの発展過程を象徴するような景色を眺める

　日本とインドネシアは高層建築を通して深い関係でつながっている。1960年代、日本では地震への配慮から建築基準法によって超高層ビルの建設が禁止されていた。そこで、日本のゼネコンはインドネシアでの高層建築の建設によって日本での超高層建築解禁に備えた予行演習を行った。中でも著名な事例は1964年に大成建設と鹿島建設がインドネシア政府から受注したもので、日本が建てた初めての超高層オフィス・ビルである。1962年のアジア・スポーツ競技大会を契機に建てられた14階建ての近代的な大型ホテル、ホテル・インドネシアは大成建設の協力によって建設された。ホテル前には、競技会に世界各国から訪問する客を歓迎するように歓迎の像が建立され、像を中心に円形の噴水が囲むロータリー式の広場が形成されている。また広場をはさんでホテルの向かい側の区画には、鹿島建設の協力によって地上29階の高層オフィス・ビル、ウィスマ・ヌサンタラが建てられた。そしてこの経験をすぐ活かす形で日本初の超高層オフィス・ビル、霞が関ビルの建設が開始されるのである。

　その後建て始められたジャカルタの高層建築から、その年代と意匠の関係性を見出すことができる。ジャカルタで最も高いウィスマ46（1996年、262m）はその頭頂部に大きな特徴が見られる。その棘のような頭頂部は、インドネシアにおける歴史的住居を思わせる。一方で、2000年代以降に竣工された高層建築にはそのような特徴は見られず、メナラBCA（2007年、230m）やチプタ・ワールド（2013年、256m）のようにガラスファサードによって形成された近代的な意匠が多く見られる。

　これらジャカルタの高層建築はつねに

ウィスマ・ヌサンタラ（1972年、117m）

新都市軸、スディルマン通りを見る。2004年に開通したバスレーンが中央を走る

新都市軸や都市交通機能の発展とともに広がってきた。近年の急速な都市化に伴い建築物の高層化が進んでいるが、その契機となったのが、ムルデカ広場の西側から南へと延びる新しい大通り、M.H.タムリン通り（現：スディルマン通り）の誕生である。現在もその通り沿いや南北・東西方向のMRT路線配置計画とともに、シグネチャー・タワー（2020年、638m）など多くの超高層建築の竣工が予定されており、ジャカルタのさらなる発展が見込まれる。[Y.M.]

ホテル・インドネシア（1962年、スカルノ設計）。現在は改修工事が行われ、高層の商業建築が付属している

チプタ・ワールド（2013年、RTKLアソシエイツ設計、256m）。高層の3棟はホテル、オフィス、住居であり、似た外観をもつ一方でそれぞれに少しずつ高さの変化をつけることで連続性を生みだしている

メナラ・ダ・ヴィンチ（2003年、デントン・コーカー・マーシャル設計、158m）

UOBプラザ（2007年、アーキテクツ・パシフィック・グループ設計、194m）

メナラBCA（2007年、RTKLアソシエイツ設計、230m）

AXAタワー（2012年、195m）。表情の違うガラスのファサードで形成される近代的高層建築

シドニー・タワー（2012年、98m）他。ジャカルタ北部の海岸沿いに建つ。風を受ける帆のような外観が特徴的である

バクリー・タワー（2010年、ヘルムース・オバタ・カッサバウム設計、215m）

Ⅳ. 三つの視点からの考察

1. 高層建築の建築家たち
　高層建築を多く手掛けている設計者は、どのようにして高層建築の建築家となるのか。あるいは、それぞれの高層建築作品の特徴は何か。アメリカを拠点とする4設計者、ヨーロッパを拠点とする2設計者、アジアを拠点とする2設計者を対象に考察する。

2. 高層建築と展望台
　著名な高層建築には展望台が付きものである。都市を展望するという場を提供することは、今や高層建築の機能の一つとなっている。六つの著名な展望台を取り上げ、足元のエントランスから展望台までを、下から上に並べた写真とコメントで紹介する。

3. 立面・平面比較
　本書で取り上げた高層建築のうち、106事例に関して、立面略図を5000分の1のスケールで統一的に描き、その高さ・外形・プロポーションを比較考察できる図表にまとめた。また、主要な高層建築に関しては、平面を2500分の1のスケール、すなわち立面略図の倍の大きさに揃えて掲載した。
　なお、高さの定義は、一般的に用いられている以下の定義に従っている。ただし、TV塔などの高層建築の場合は、アンテナまでを含んだ高さを記載した。
　「低層部の主要エントランスの床レベルから、尖塔などを含む建物の頂部までの高さ。アンテナ、広告塔、旗などの掲揚ポール、設備機器類などは、高さには含まれない。」

高層建築の建築家たち

レヴァー・ハウス、シーグラム・ビル前の広場から見る　キングダム・タワー、人類史上、初めて高さ1kmを超える

SOM（スキッドモア・オウイングズ＆メリル）
SOM (Skidmore, Owings & Merrill)

01

SOMの3人の創設者

略歴
1936年　ルイス・スキッドモアとナタニエル・オウイングズによりシカゴで設立
1939年　構造技術者ジョン・メリルが加わる
1950年代〜70年代　スキッドモアとメリルが退いた後、ゴードン・バンシャフト（ニューヨーク）、ブルース・グラハム（シカゴ）が黄金時代を築く
1990年代以降は、エイドリアン・スミスがSOMの高層デザインを担う

主要高層建築作品
1952年　レヴァー・ハウス、ニューヨーク
1961年　チェイス・マンハッタン銀行、ニューヨーク（26頁）
1969年　ジョン・ハンコック・センター、シカゴ（52頁）
1974年　シアーズ・タワー、シカゴ（52頁）
1999年　ジンマオ・タワー、上海（119頁）
2010年　ブルジュ・ハリファ、ドバイ（87頁）
2014年　ワン・ワールドトレード・センター、ニューヨーク（10、44頁）

　SOMは、3人の創始者の頭文字を採って略した名称をもち、1936年にシカゴで創設されて以来、世界最大の建築設計事務所組織へと成長し、世界各地で高層建築を始めとして、大規模な建築をつくり続けている。

　SOMは、創設直後は軍事関連施設等で組織を拡張した。優れた高層建築作品を生み出す設計事務所としての名声をえるのは、バンシャフトが担当したニューヨークのレヴァー・ハウス（1952年、図）において、中庭型の低層部と総ガラス貼りの24階の高層棟を組み合わせて、都市空間に開放性を与えることに成功したことによる。本拠地であるシカゴでは1960年にパートナーとなったブルース・グラハムが、ジョン・ハンコック・センターやシアーズ・タワーなどの一連の高層建築で、構造技術に裏付けられたデザインで世界一の高さを実現した。

　SOMは、1950年代から70年代のアメリカ都市において、ガラスと金属のメカニックな外観をもつ高層建築というモダニズムの理念を数多く実現し、主導的役割を果たした。個性的デザインが主流となる1980年代のポストモダン期には、SOMの独壇場時代は終わりを告げるが、1990年代後半以降、エイドリアン・スミス担当のジンマオ・タワー、ブルジュ・ハリファ、ワン・ワールドトレード・センターなどの話題作によって、再び高層建築設計の中心的存在になった。スミスは、SOM独立後も、サウジアラビア・ジッダのキングダム・タワー（工事中、1007m、図）の設計に携わり、高層の歴史に大きな展開を生み出しつつある。［K.K.］

ユージーン・コーン　ウィリアム・ペダーセン

KPF（コーン・ペダーセン・フォックス・アソシエイツ）
KPF (Kohn Pedersen Fox Associates)

02

333ワッカードライブ　ロッテ・ワールド・タワー

　KPFは、1976年に3人の建築家によってニューヨークにおいて設立された、比較的若い設計事務所である。当時、単純な箱型建築からポストモダニズムの多様な表現へと移行する動向の変化が強く、KPFはこの変化の波に巧みに対応して、急激に成長した。KPFの作品はただちに海外でも高い評価を受けることになり、80年代にはヨーロッパでの高層建築も手掛け、90年代以降はアジアや中東で多くのランドマーク的存在というべき高層建築を次々に実現している。現在700人のスタッフを抱える大組織事務所である。

　高層建築の設計者としてのKPFの名声を高めた初期の代表作は、シカゴの333ワッカードライブ（図）である。その緩やかな曲面をもつ彫刻的な造形は、当時のSOMの質実剛健な作風とは対比的であり、箱型の高層建築に飽き始めていた社会と建築界のニーズにも応えるものであった。KPFのデザインは、80年代のポストモダニズムの主流となる歴史的モチーフの採用や装飾的デザイン、あるいはハイテク表現とは一線を画し、比較的単純なヴォリューム操作で適切な視覚的変化を生み出すものであった。

　単純にして変化のある表現であった点が、KPFのデザインが世界各地で受け入れられた最大の理由であろう。現在、広州では530mの高さのCTF金融センター（114頁）が、北京では528mのツァンゴウ・ツァン（127頁）が、ソウルでは555mのロッテ・ワールド・タワー（図）が進行中であり、数年先にはKPFは、アジア主要都市の多くで、最も高い高層建築を実現することになる。［K.K.］

略歴
1976年　ユージーン・コーン（1930年-）、ウィリアム・ペダーセン（1938年-）、シェルドン・フォックス（1930-2006年）の3人によって設立
1980年代　アメリカ諸都市に加えて、ロンドン、フランクフルト・アム・マインにも進出
1990年代以降　アジア主要都市にてランドマークとなる高層建築を実現している

主要高層建築作品
1983年　333ワッカードライブ、シカゴ
1993年　ヴェステントシュトラーセ・ワン、フランクフルト・アム・マイン（77頁）
2003年　六本木ヒルズ森タワー、東京
2008年　上海環球金融中心、上海（119頁）
2010年　インターナショナル・コマース・センター、香港（104頁）
2010年　マリナベイ・ファイナンシャル・センター・タワーズ、シンガポール（143頁）
2014年　北東アジア貿易タワー、仁川（139頁）

ニューヨーク近代美術館高層住宅棟　ワールド・ファイナンシャル・センター

ペリ・クラーク・ペリ・アーキテクツ
Pelli Clarke Pelli Architects

03

シーザー・ペリ

略歴
1926年　アルゼンチン生まれ
1949年　ツクマン国立大学建築学科卒業
1954年　アメリカ・イリノイ大学大学院修了
1954-64年　エーロ・サーリネン事務所勤務
1977年　シーザー・ペリ&アソシエイツ設立
2006年　ペリ・クラーク・ペリ・アーキテクツに改称

主要高層建築作品
1984年　ニューヨーク近代美術館高層住宅棟、ニューヨーク
1988年　ワールド・ファイナンシャル・センター、ニューヨーク
1998年　ペトロナス・ツウィン・タワー、クアラルンプール（147頁）
2004年　インターナショナル・ファイナンス・センター、香港（105頁）
2010年　上海国際金融中心1・2、上海（120頁）
2013年　ザ・ランドマーク、アブダビ（93頁）

　シーザー・ペリは、エーロ・サーリネンの事務所で10年間働いた経験などを経て、シーザー・ペリ&アソシエイツ（現ペリ・クラーク・ペリ・アーキテクツ）を開設した。
　ペリは、「美しさとは場所や建てる目的によって形づくられるべきものである」という師サーリネンの建築論に影響を受けた建築家である。ニューヨーク近代美術館高層住宅棟（1984年、図）において、単調になりがちな箱型高層を街並みに調和する外壁パターンによって構成することで、ポストモダニズムのデザイン手法の一つを生み出すこととなり、さらに、ワールド・ファイナンシャル・センター（1988年、図）ではニューヨーク摩天楼の代名詞ともいえるセットバック上造形に取り込み、脱箱型高層の設計者としての地位を確立した。
　また、1990年代以降では個人の建築設計事務所としては珍しく、アメリカ国内のみならず世界各地で多数の作品をつくり上げており、日本においても1992年に支所を設立したことから、わが国で手掛けてきた事例も決して少なくないことがうかがえる。
　高さ競争に関して、ペトロナス・ツウィン・タワーが竣工当時、世界一の高さを誇っていたことは有名であるが、その他にもロンドンではワン・カナダ・スクエアが長らくイギリス国内における最も高い高層建築であったことや、スペインのトーレ・デ・クリスタルなど、ヨーロッパ諸国においてもトップクラスの高さの作品を手掛けてきたことも忘れてはならないだろう。　[K.M.]

ダニエル・リベスキンド

スタジオ・ダニエル・リベスキンド
STUDIO DANIEL LIBESKIND

04

ワールドトレード・センター・マスタープラン　タンジェント・ファサード

　スタジオ・ダニエル・リベスキンドは、1989年ベルリンユダヤ博物館国際コンペでの勝利を機に、パートナーのニナとともにベルリンで設立され、現在は拠点をニューヨークに移しベルリン、ミラノと合わせて世界各国のプロジェクトを手掛けている。ダニエル・リベスキンドは、10代でアメリカに移民。奨学金を受け取りながら、音楽家として活躍する。その後建築に転身し、1970年にクーパーユニオン、1972年にエセックス大学を修了する。1989年のコンペ勝利から、10年以上にわたりその設計に従事し、その後、世界各国のユダヤ・戦争博物館を手掛けてきた。高層建築を手掛けるきっかけとなったのは、2003年のワールドトレード・センター（以下W.T.C.）開発コンペである。W.T.C.の地下連続壁を記念碑ととらえ、毎年事件時刻に陰が落ちないようにした光の楔。自由の女神同様、アメリカ独立年にちなみ、高さを1776ftとしたフリーダムタワー。最終的に、タワーの設計はSOMが担当し、容積重視の箱形に変更されるなど、案がそのまま実現することは叶わなかったが、この経験が後の高層建築につながる。韓国でのタンジェント・ファサード（2005年、81m）に始まり、複数棟からなる街区単位のプロジェクト・リフレクションズ・アット・ケッペルベイタワー（2011年、175m）、さらにこの先、ミラノでのシティーライフ・セントラルタワーC（2017年、170m）を始め、カナダ、フィリピン、韓国など、世界各地での計画が進む。象徴性を重視したW.T.C.コンペでの提案同様、まだ見ぬ形態の高層建築の実現に期待したい。[Y.F.]

略歴
1946年　ポーランド・ウッチに生まれる
1957年　イスラエルに移住し音楽を学ぶ
1965年　アメリカの市民権を取得
1970年　イギリスのエセックス大学で建築を学び、クーパーユニオン大学院を卒業
1977-85年　クランブルック芸術学院建築学部長
1986-89年　イタリア・ミラノにアーキテクチャア・インターマンディウムを設立し所長に就任
1989年　ベルリンユダヤ博物館国際設計競技を勝ち取る
1994年-　カリフォルニア大学ロサンゼルス校建築学部教授

主要高層建築作品
2003年　ワールドトレード・センター・マスタープラン、ニューヨーク（45頁）
2005年　タンジェント・ファサード、ソウル
2008年　ローブリングブリッジ・アセント・タワー、コビントン・アメリカ
2011年　リフレクションズ・アット・ケッペルベイタワー、シンガポール（144頁）
2011年　海雲台エイパークマリーナ、釜山（138頁）
2014年　ズオッタ44、ワルシャワ（84頁）

香港上海銀行、香港　　ウィリス本社ビル

フォスター＋パートナーズ
Foster + Partners

05　ノーマン・フォスター

略歴
- 1935年　イギリス・マンチェスターに生まれる
- 1961年　マンチェスター大学大学院卒業
- 1963年　チーム4を共同設立
- 1967年　イギリスでノーマン・フォスター・アソシエイツを設立
- 1979年　「香港上海銀行新本社」の指名設計競技に入選、1986年に完成
- 1983年　史上最年少で王立建築家協会ゴールドメダル授与
- 1999年　プリツカー賞受賞

主要高層建築作品
- 1985年　香港上海銀行・香港本店ビル、香港(106頁)
- 1991年　センチュリー・タワー、日本
- 1992年　テレコミュニケーション・タワー、スペイン
- 1997年　コメルツバンク・タワー、フランクフルト(74、75頁)
- 2002年　グレート・ロンドン・オーソリティー・ビル、ロンドン
- 2004年　30セント・メリー・アクス、ロンドン(68頁)
- 2006年　ハースト・タワー、ニューヨーク(48頁)
- 2015年(予定)　2ワールドトレード・センター、ニューヨーク

フォスター＋パートナーズはロンドンを拠点に、世界20か国以上に現地事務所をもち、これまでに、都市計画からプロダクトデザインまで、幅広いプロジェクトを手掛けてきた。フォスターは、イギリスはマンチェスターに生まれ、イェール大学大学院でポール・ルドルフの元で学んだ後、アメリカで都市再開発のコンサルタントとして活動。1963年には、大学院の同期だったリチャード・ロジャースとともに、チーム4を設立。1967年には、現フォスター＋パートナーズの前進となるフォスターアソシエイツを設立する。

高層建築では、1979年の設計競技で指名され実現した香港上海銀行新本社(1986年、179m)で一躍世界の注目を集めることとなる。メガストラクチャーと吊り床、側面に露出した設備動線ユニット、プレファブ化、反射板による太陽光の導入など、意匠だけでなく構造、構法、設備、平面計画など、あらゆる面で革新的なハイテックスタイルの高層オフィス・ビルを提案した。その後は、自然採光・換気により、環境負荷を従来の約50%で実現したコメルツバンク・タワー(1997年、298m)、ダイアグリッド構造により使用鉄骨材料を従来の約80%で実現したハースト・タワー(2006年、182m)、鋸歯状のファサードにより太陽光熱を制御したウィリス本社ビル(2007年、125m)など、テクノロジーと意匠性を高いレベルで統合させそのサポートにより、豊かな生活環境を生み出してきた。現在、ハノイやフィリピン、中国、ニューヨークなど世界各国で高層建築が建設予定にあり、その活躍から目が離せない。[Y.F.]

レンゾ・ピアノ

レンゾ・ピアノ・ビルディング・ワークショップ
Renzo Piano Building Workshop

06

ポツダム広場再建計画　　オーロラ・パレス

略歴
- 1937年　イタリア・ジェノヴァに生まれる
- 1964年　ミラノ工科大学卒業
- 1971年　リチャード・ロジャースと共同でロンドンに「ピアノ&ロジャース」事務所を設立
- 1977年　ピーター・ライスと共同で「レンゾ・ピアノ・ビルディング・ワークショップ」を設立
- 1998年　プリツカー賞受賞(この他受賞多数)

主要高層建築作品
- 1998年　ジャン・マリー=チバウ文化センター、ニューカレドニア・ヌーメア
- 2000年　KPNテレコム・オフィスタワー、オランダ・ロッテルダム
- 2000年　オーロラ・パレス、オーストラリア・シドニー
- 2007年　ニューヨークタイムズ・タワー、アメリカ・ニューヨーク(47頁)
- 2012年　ザ・シャード、イギリス・ロンドン(66頁)

レンゾ・ピアノ・ビルディング・ワークショップ(RPBW)は、パリ、ジェノヴァ、ニューヨークに拠点を置き、ピアノを含めた14人のパートナーと130人近くの所員からなる事務所である。ピアノは、1937年にイタリアはジェノヴァに生まれ、建設業に従事する父に強い影響を受けながら育った。1971年には、ポンピドゥー・センターのコンペに勝利したリチャード・ロジャースとともに、ピアノ・アンド・ロジャースをイギリスで設立。1970年代前半から1990年代まで、エンジニアのピーター・ライスと協働した後、1981年にRPBWを設立する。

ガラス屋根と自動制御ルーバーで自然採光による事務所としたレンゾ・ピアノ・ビルディンワークショップ(1991年)を始め、自然環境に耳を傾け最先端技術を用いサステイナブルな建築を発明してきた。

高層建築では、1992年に設計競技に勝利したポツダム広場再建計画(2001年)で2棟の高層オフィスを手掛けた実績を皮切りに、オーロラ・パレス(2000年、200m)で試みた、白色ガラスの保護スクリーンと電気制御式ガラスルーバーによるダブルスキンファサードのアイデアを、その後のセラミック・ロッドと透明ガラスによるニューヨークタイムズ・タワー(2007年、319m)などへと引き継いできた。現在、レバノンでのピンウィール(2009年-、315m)を始め、イギリス、フランス、韓国で進む計画の中で、それを継承しながら自由にアクセス可能な緑化した屋上庭園を提案するなど、サステイナブルで人間味ある建築を目指す彼の挑戦はこの先も続いていく。[Y.M.]

  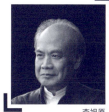

07 李祖原
C.Y.Lee & Partners

重慶環球金融中心　バング・プラザ・ビル

李祖原

略歴
1938年　中国広東省生まれ
1961年　台湾・国立成功大学卒業
1966年　アメリカ・プリンストン大学大学院修了
1966-67年　アメリカ・ノーレン・スウィンバーン・アンド・アソシエイツ
1967-68年　アメリカ・ボストン再開発公社
1971-77年　アメリカ・ウィリアム・L.ペレイラ・アソシエイツ
1978年　李祖原建築師事務所設立

主要高層建築作品
1989年　宏国大樓、台湾・台北 (129頁)
1992年　グランド50タワー、台湾・高雄 (133頁)
1999年　高雄85、台湾・高雄 (132頁)
2002年　外灘光明大廈、中国・上海
2004年　台北101、台湾・台北 (128頁)
2008年　バング・プラザ・ビル、中国・北京 (127頁)
2015年　重慶環球金融中心、中国・重慶

所員約200名を抱え台湾のみならず中国本土や香港でも活躍する李の建築は中華文化由来の独特なモチーフが特徴である。李は、経済活動のためにはどの都市でも建築の高層化は必然だと述べる一方で、都市のスカイラインを形づくる超高層建築には公共性があるため、地域にふさわしい意匠の考案が不可欠だと述べる。

このような造形哲学の背景を李の経歴から探ってみよう。李は台湾成功大学卒業後、伝統的に建築史家の発言力が大きかったプリンストン大学大学院建築学部に進学する。李の在学した1966年頃の同学部はルイス・カーンやマイケル・グレイヴス、そしてポストモダニズムの金字塔『複合と対立』(66年)を執筆したヴェンチューリらが教鞭を取り、建築界がモダニズムからポストモダニズムへ舵を切る際の最も重要な舞台の一つだった。

しかし卒業後入所したノーレン・スウィンバーン事務所の作風はモダニズムだったようでわずか1年で退職する。その後アメリカ西海岸および中近東、アジアの新興都市で60〜70年代に250もの設計を手掛けたウィリアム・ペレイラ事務所に就職し76年には副社長を務める。興味深いのはピラミッドやジグラッド(階段状の神殿)をモチーフとして使用する同事務所の作風である。サンフランシスコで最も高いトランスアメリカ・ピラミッド(1972年、53頁)や李が当時担当したとされるドーハのシェラトンホテルは象徴的なピラミッドの形状をしている。オリエンタリズムと批判されることもあるが李のポストモダンな造形はこうしたアメリカでの経験を基礎としている。[A.K.]

08 P&T グループ (旧パーマー＆ターナー)
P&T Group (former Palmer & Turner)

P&Tグループのロゴマーク

和平飯店北楼と中国銀行ビル、上海　ゴルディン・ファイナンス117

P&Tグループは、香港を拠点として、中国、東南アジア、中東で多くの高層建築を手掛ける。1900人近いスタッフを有する大組織事務所であり、高層建築の設計者としては、最も長い歴史をもつ。事務所は、1868年にウィリアム・サルウェイ(1844-1902)というロンドン生まれの建築家が、香港に設計事務所を開設したときに始まった。1890年頃に、パーマー＆ターナーの名称が使われ始めるが、その担い手クレメント・パーマーは、1884年に23歳で入所した若手建築家で、アーサー・ターナーは、同時期に入所した構造設計者であった。

パーマー＆ターナーは、1920年代、30年代に、上海外灘で多くの高層建築を手掛け、それらは今も残っている(図)。1935年に完成する香港の旧香港上海銀行の高さ70mは、アジアで一番を争う高さに近づいた。この時期に高層建築が建てられた都市は、アメリカ以外では上海と香港のみである。アメリカでは、この時期の高層建築の設計事務所は全く残っておらず、パーマー＆ターナーが建築史上、重要な存在であることが理解できる。

1973年には、香港で初めて100mを超えるジャーディン・ハウスを完成させ、この頃から事務所は急激な拡張を迎える。スタッフ数は、1970年代初めに60人、80年頃200人、90年頃400人と急膨張した。竣工作品では、リヤドのブルジュ・ラファル(2014年、308m)が最も高いが、現在天津にてゴルディン・ファイナンス117(2016年、597m、図)が工事中であり、完成時には高さで世界トップ5に入ることになるだろう。[K.K.]

略歴
1868年　ウィリアム・サルウェイによって香港で設立
1890年頃　パーマー＆ターナーに改称
1920年代-30年代　上海、香港にてアジア初の高層建築を建てる
1980年代以降　アジア、中東にて、P&Tグループという名称で、多くの高層建築を手掛ける

主要高層建築作品
1929年　和平飯店北楼(旧サッスーン・ハウス)、上海(図)
1935年　旧香港上海銀行、香港 (103頁)
1941年　旧中国銀行上海ビル、上海(図)
1952年　旧中国銀行ビル、香港 (103頁)
1973年　ジャーディン・ハウス、香港 (106頁)
1994年　タイペイ・メトロ、台北
2014年　フォーチュン・ファイナンシャル・センター、北京 (126頁)
2014年　ブルジュ・ラファル、リヤド

著名な高層建築に展望台は付きものである。展望台が設置されている高さに関して、現在の世界一は、広州タワーの488mであり、続いて10位までを挙げると、上海環球金融中心、ブルジュ・ハリファ、東京スカイツリー、CNタワー、ウィリス・タワー、インターナショナル・コマース・センター、台北101、ペトロナス・ツウィン・タワー、エムパイア・

広州タワー（2010年、600m、114頁）

鼓形の曲面構造物の頂部、地上433mの高さの室内展望室に加えて、488mに屋外展望台および傾斜した屋上の縁を周回する観覧車「ポッド・ライド」が設置されている。広州タワーは珠江新城地区の広場の軸線上に建ち、この地区の新高層建築群が一望できる。突き出たマストのレールを自由落下するフリーフォールなどのアトラクションも備える。1階エントランス・ホールでは、都市開発に関する模型やパネルを展示。

ブルジュ・ハリファ（2010年、828m、87頁）

展望台「アット・ザ・トップ」は、452mの高さにあり、世界で3番目の高さである。一部に屋外テラス展望台も備え、屋外展望台としては2番目に高い。ドバイ・モールでチケットを買い展示が行われている地下道を通り、エレベーターに至る。展望台には、拡張現実機（有料）が備わり、異なる時間や天候下での風景を見ることもできる。展望台からは、砂漠の中に忽然と都市がつくられた様子が理解できる。

インターナショナル・コマース・センター（2010年、484m、104頁）

展望台「スカイ100」が100階（高さ393m）に設けられ、香港で初めての本格的な観光用展望台となった。ここから香港島の高層建築群を一望できる。さらに最上部のホテル内には、屋外展望空間も備わっている。1階のチケット売り場から2階のエレベーター乗り場、展望台の動線途中の随所にトンネル状の展示通路などが設けられている。

頂部斜面上の縁を周回する観覧車

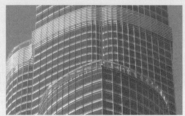
セットバック部屋上が屋外テラス

展望台から外壁沿いに見おろす

室内展望室から珠江新城地区を見る

砂漠の中に築かれた都市の光景

展望室内部は、周囲が吹き抜ける

室内展望室内部

屋外テラス展望台。ガラス壁の柵

エレベーター内部

エントランス・ホールの模型展示

モールからEV乗り場までの展示通路

1階エントランス・ホール

1階エントランス・ホール

ドバイ・モール内部空間

エントランス付近からの見上げ

ステート・ビルという順番になる。待ち行列の途中では記念写真の撮影があり、帰りに完成した写真を見て購入するといったシステムや様々なアトラクションを備えた例も多い。この頁では、それぞれ特徴をもつ六つの著名な展望台の概要を紹介する。[K.K.]

台北101（2004年、508m、128頁）

89階（392m）に屋内展望台の主階があり、その上階に屋外展望台も備わっている。隣接するショッピング・センター5階から、現時点では世界最速のエレベーターに乗り、39秒で89階に達する。展望室からは、外壁装飾モチーフを間近に見ながら、台北を一望できる。展望室階中央には、660tの球体が設置され、風力・地震による揺れを抑える制振装置の役割を果たしている。その制振装置も間近に見ることができる。

エムパイア・ステート・ビル（1931年、381m、42頁）

86階（320m）には、屋内展望室のみならず、ニューヨークの都市光景を360度一望する屋外展望デッキがある。102階（約370m）の第二展望台は小規模な屋内である。五番街沿いのエントランス・ホールから、2階のチケット売り場に行き、展示コーナーをめぐってエレベーターに至り、一度エレベーターを乗り換えて、86階の展望台に至る。北側にミッドタウン、南側ではロウアー・マンハッタンを遠望でき、その眺めは圧巻である。

ザ・シャード（2013年、306m、11、67頁）

頂部244mの高さに屋外展望台、その下に屋内展望台があり、ロンドンのシティから市内全域を展望でき、ロンドンにおける最も魅力的な眺望が得られる。上に行くほど先細りの形態であるため、展望室は平面的には決して広くなく、ここに掲載した展望台の中では最もコンパクトであるが、それ故に、大きく移動することなく、ロンドンの360度の眺望をたやすく楽しむことができる。

屋上にある屋外展望台

屋上に展望室・デッキ、塔内に第二展望台

最頂部の屋外展望台。コンパクトな平面

展望室から見る外壁装飾と市内の光景

展望デッキは一周できる。古風な安全柵

屋内展望台。過去の光景も映し出す望遠鏡

制振装置の球体を間近に見る

86階の屋内展望室内部。周辺に展望デッキ

屋内展望台の内部の様子

広い展望室には様々な展示がなされる

エレベーター内。天井画は高さによって変化

隣接ショッピング・センター内部

五番街沿いのエントランス・ホール

足元左側にエントランスがある

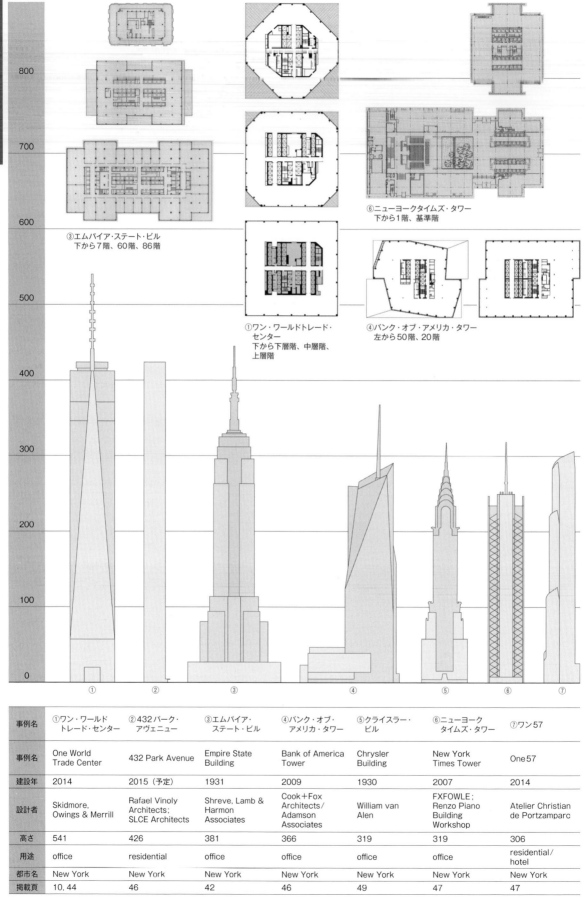

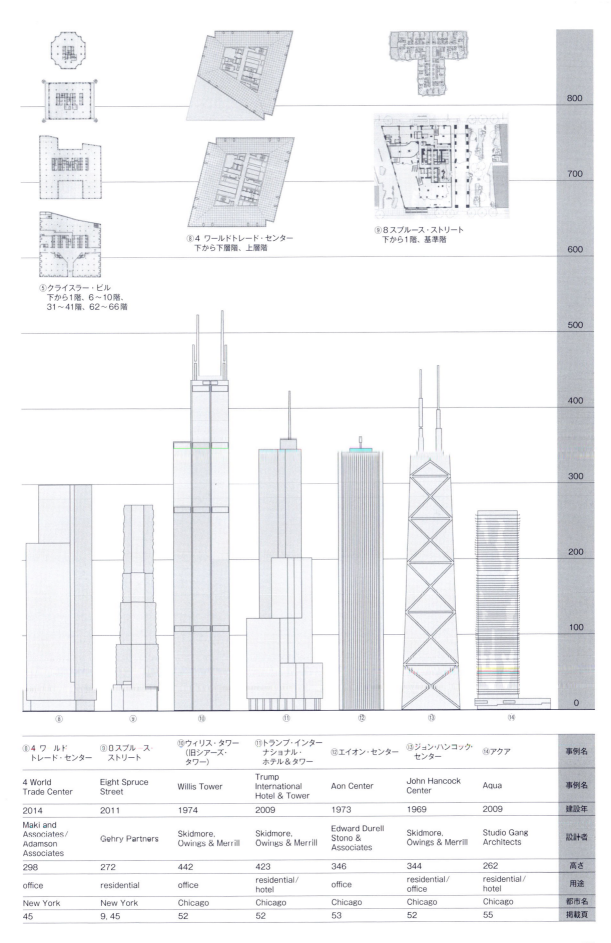

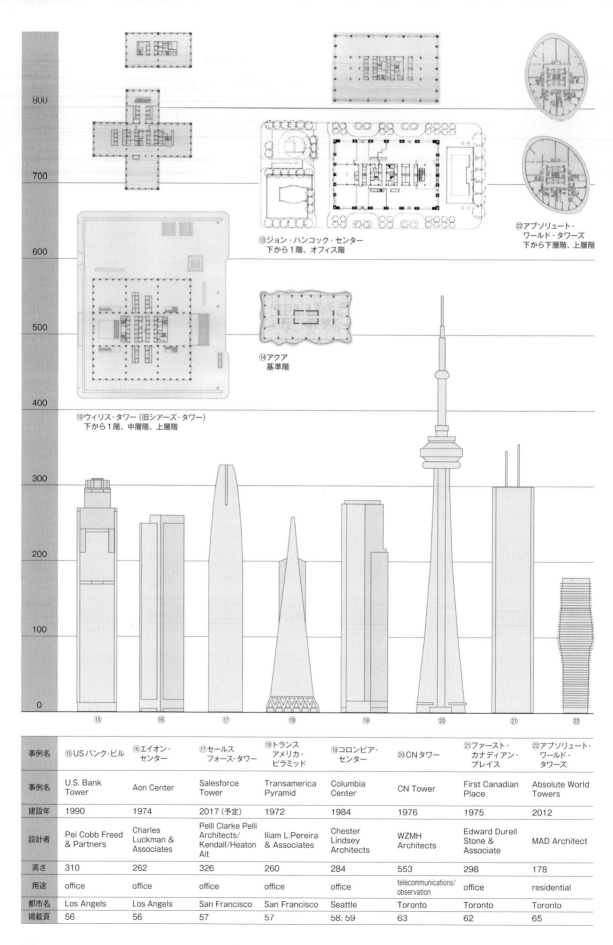

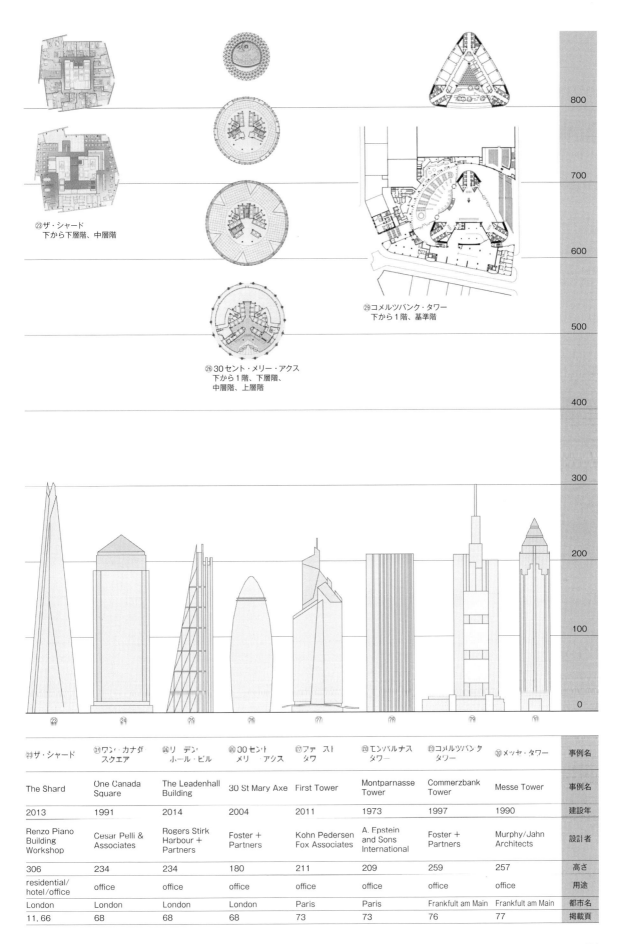

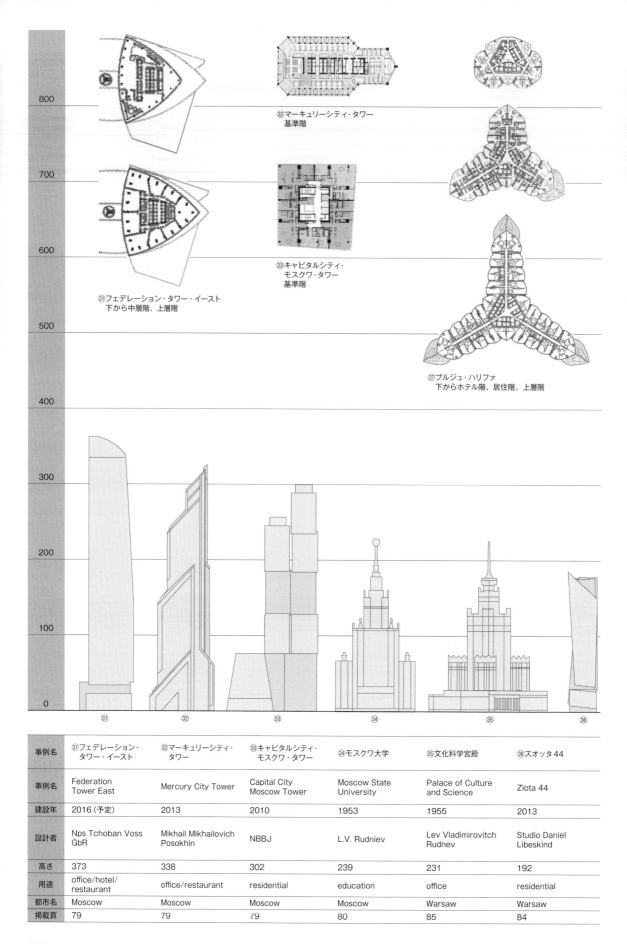

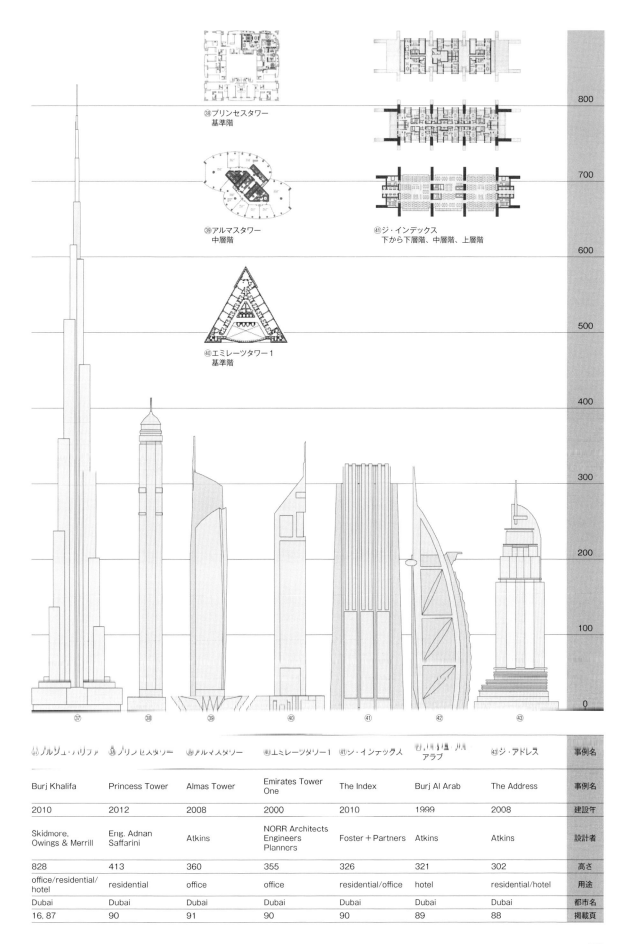

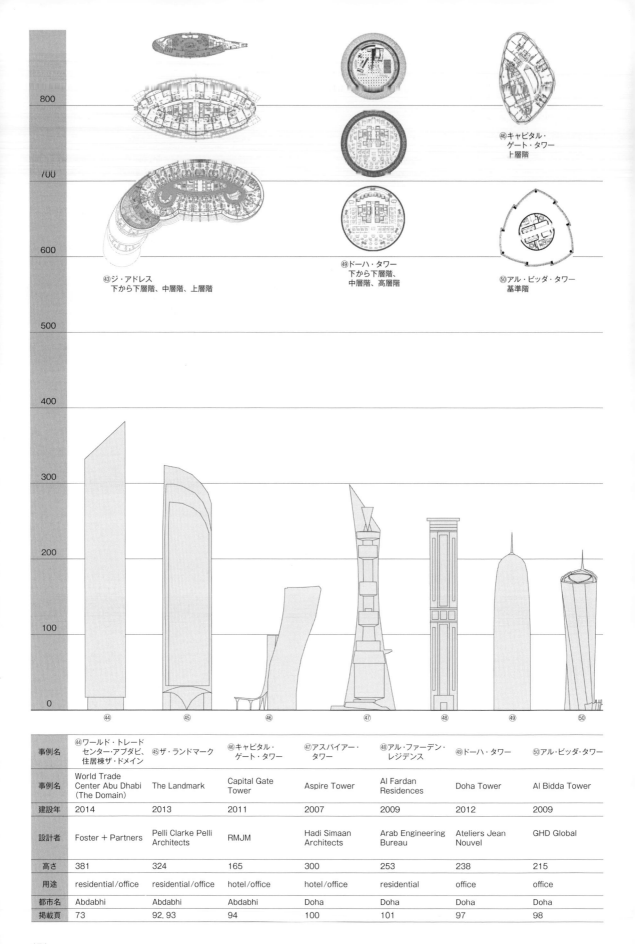

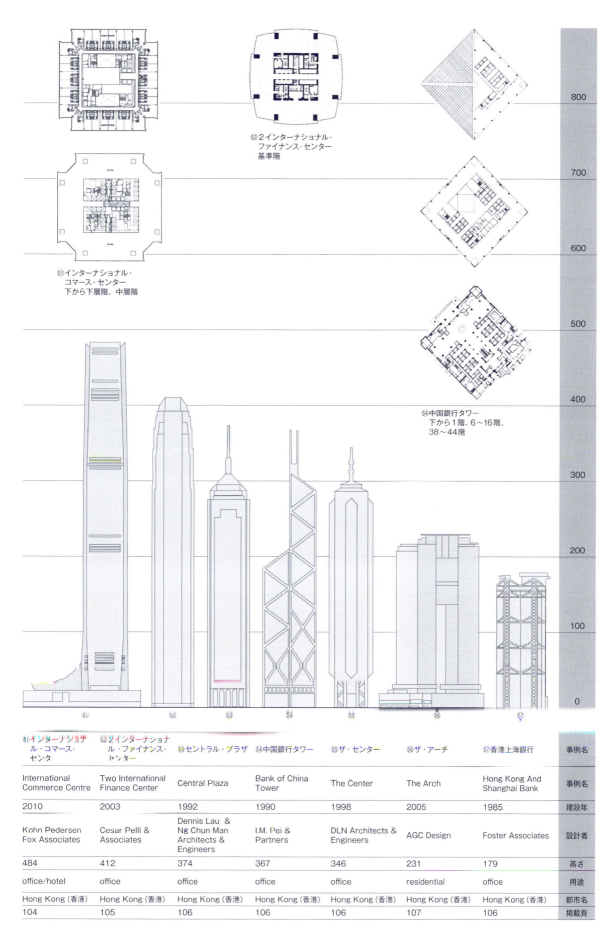

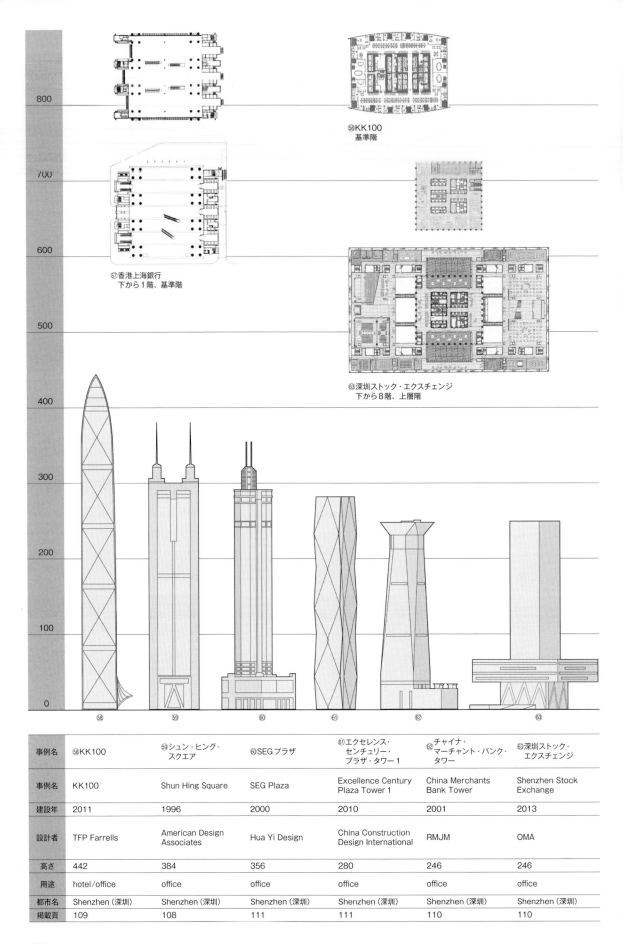

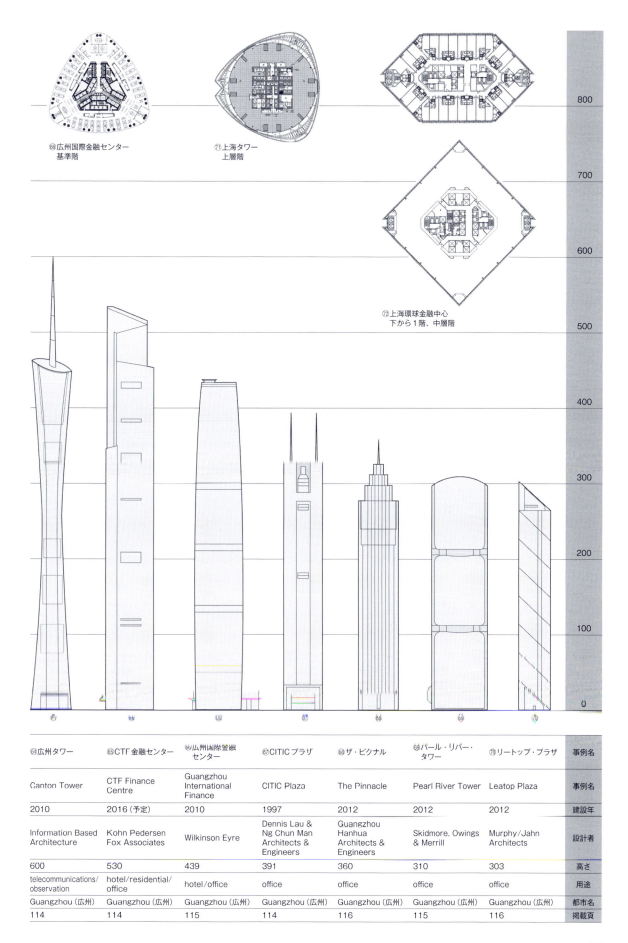

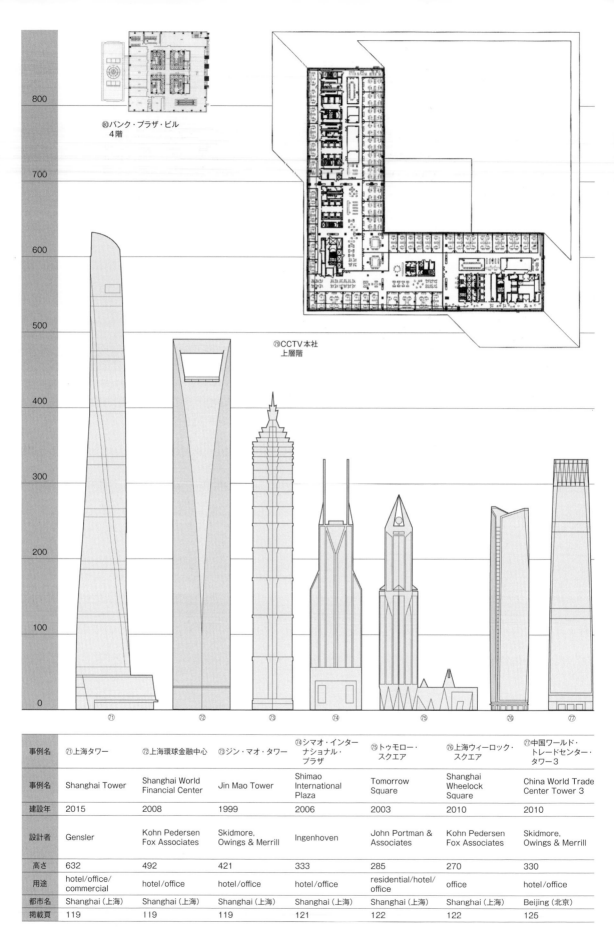

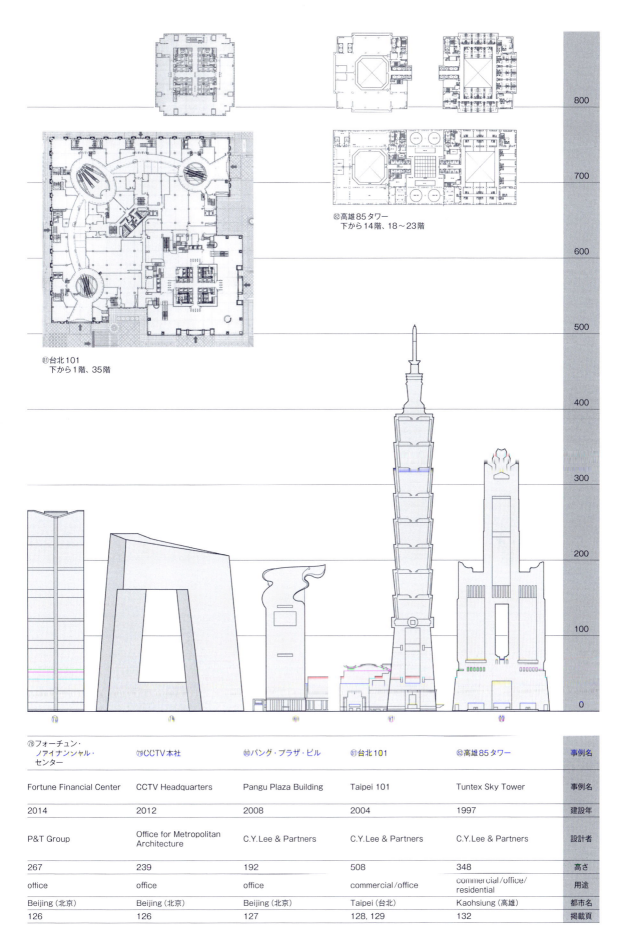

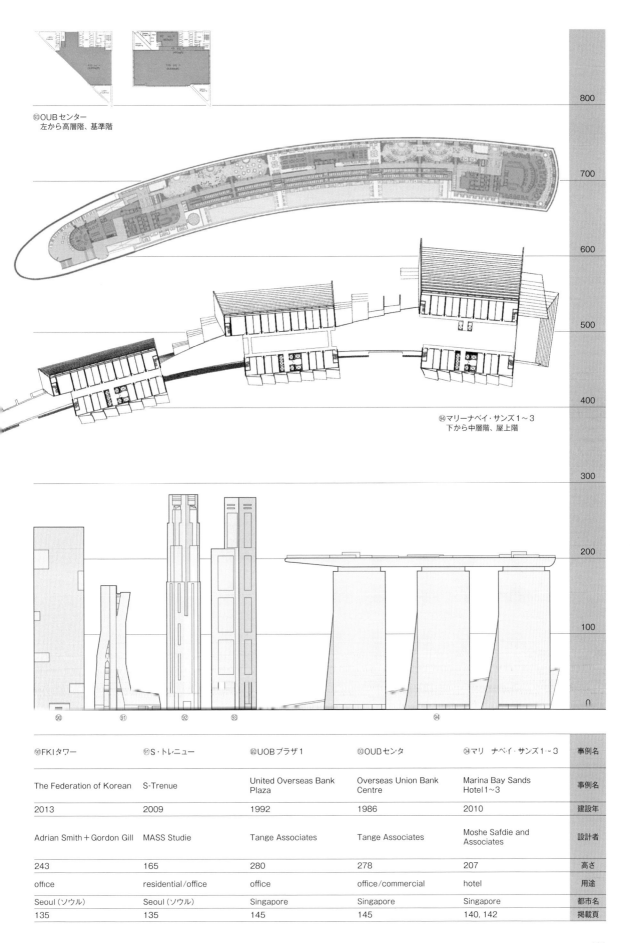

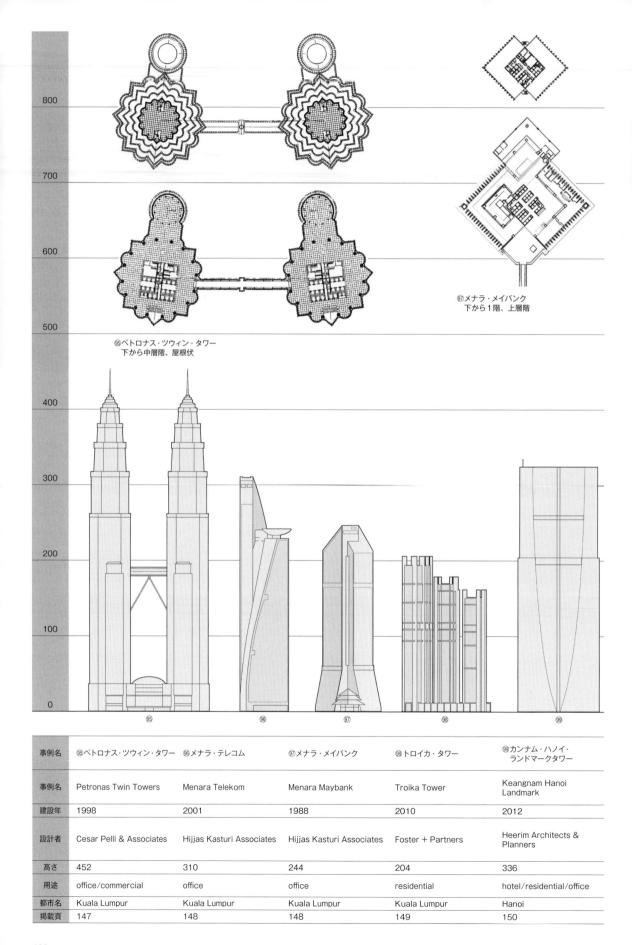

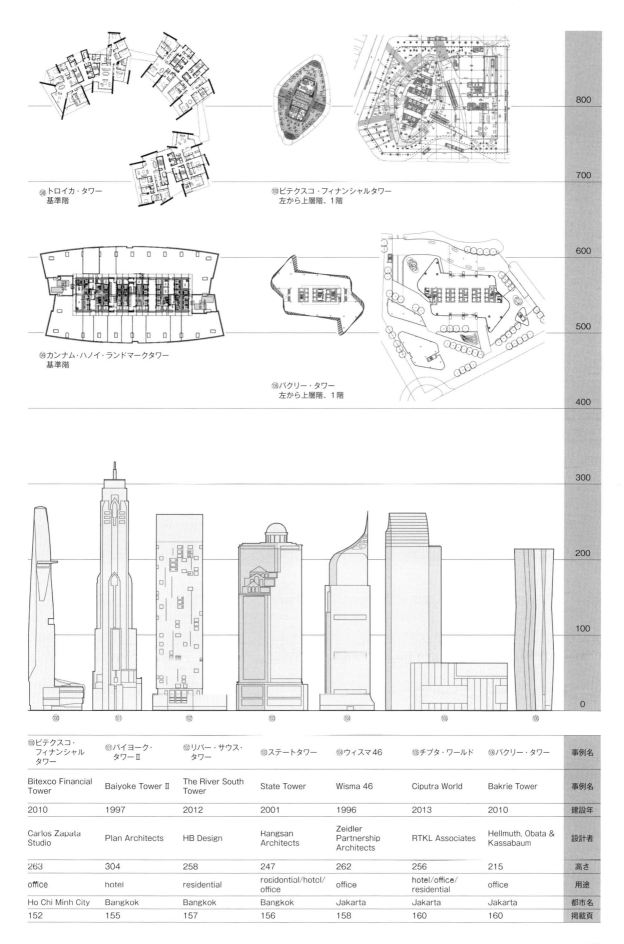

図版・写真出典

Ⅲ、Ⅳにおける下記の写真・図面の出典は以下の通りである。それ以外は、編著者・執筆分担者が現地撮影または作成した。

P.45下左：Allison Blais and Lynn Rasic, A Place of Remembrance-Official Book of the National September 11 Memorial, National Geographic, 2014

P.49下左：工事現場に掲げられた完成予想図を撮影

P.57下中：Council on Tall Buildings and Urban Habitat（以下、CTBUH）公式HP

P.67上右：GLA

P.70、P.71上右：EPAD-ESA提供

P.75下右、P.76写真4点：島哲也撮影

P.76上右：Birkhauser, Commerzbank Frankfurt : Prototype of an Ecological High-Rise Modell eines ökologischen Hochhauses

P.77下右：CTBUH公式HP

P.83下左：A MAGAZINE DEVOTED HIGH-RISE CONSTRUCTION AND TECNOLOGIES, Tall buildings 1/2013

P.88右：Atkins Works, SOUTH CHINA UNIVERSITY OF TECHNOLOGY PRESS 2013

P.93下右：Etihad Towers公式HP

P.94上右、下右：http://www.skyscrapercity.com

P.94中右：Antony Wood, Best Tall Buildings 2011, Routledge, 2012

P.102：インターナショナル・コマース・センター内展示の写真

P.103中左：Fergal Keane, HONG KONG Rememberd, FormAsia Books, 2012

P.114下右：CTBUH公式HP

P.124下左：CTBUH公式HP

P.127下右：CTBUH公式HP

P.134上：姜鎬元撮影

P.143下左：Market Intelligence, SCULPTING THE SKY : PETRONAS TWIN TOWERS-KLCC

P.152左：Antony Wood, Best Tall Buildings 2011, Routledge, 2012

P.162上右：a+u15:02

P.162上中：Kingdom Tower公式HP

P.162下左、下右：KPF公式HP

P.163上右：Pelli Clarke Pelli Architects公式HP

P.163下左：STUDIO LIBESKIND公式HP

P.163下中：スザンヌ・スティーブンス著、下山裕子・岸田麻矢訳、グラウンド・ゼロ 再生への始動―ニューヨークWTC跡地建築コンペティション選集、エクスナレッジ、2004

P.164上中、上右：Foster+Partners公式HP

P.164下左、下右：Renzo Piano Building Workshop公式HP

P.165上左：CTBUH公式HP

P.165上中：C.Y. Lee and Partners, C.Y. Lee & Partners architects & planners/C. Y. Lee., 2009, The Image Publishing Group Pty Ltd

P.165上左：C.Y. Lee & Partners Architects公式HP

P.165下右：CTBUH公式HP

P.168 ①平面図：ARCHITECTURAL RECORD公式HP

P.168 ④平面図：Green Source公式HP

P.169 ⑨平面図：A.Wood, Best Tall Buildings 2011, Routledge 2012

P.170 ⑭平面図：A.Wood, Best Tall Buildings 2010, Routledge 2011

P.170 ㉒平面図：A.Wood, Best Tall Buildings 2012, Routledge 2013

P.171 ㉖平面図：A.Wood, Best Tall Buildings 2013, Routledge 2014

P.171 ㉙平面図：Foster+Partners公式HP

P.172 ㉛平面図：The Skyscraper Museum公式HP

P.172 ㉜平面図：openbuildings公式HP

P.172 ㉝平面図：CTBUH公式HP

P.173 ㊲平面図：openbuildings公式HP

P.173 ㊳平面図：Orra International PROPERTIES公式HP

P.173 ㊴平面図：Sotheby's International Realty公式HP

P.173 ㊵平面図：NORR公式HP

P.173 ㊶平面図：A.Wood, Best Tall Buildings 2011, Routledge 2012

P.174 ㊸平面図：Atkins Works, SOUTH CHINA UNIVERSITY OF TECHNOLOGY PRESS 2013

P.174 ㊻平面図：A.Wood, Best Tall Buildings 2011, Routledge 2012

P.174 ㊾平面図：A.Wood, Best Tall Buildings 2012, Routledge 2013

P.174 ㊿平面図：A.Wood, Best Tall Buildings 2010, Routledge 2011

P.175 (51)平面図：A.Wood, Best Tall Buildings 2011, Routledge 2012

P.175 (52)平面図：A.Wood, Best Tall Buildings 2012, Routledge 2013

P.176 (58)平面図：A.Wood, Best Tall Buildings 2012, Routledge 2013

P.176 (63)平面図：建筑邦 ARHIT BANG.COM公式HP

P.177 (66)平面図：A.Wood, Best Tall Buildings 2012, Routledge 2013

P.178 (71)平面図：築龍建築師圏公式HP

P.178 (72)平面図：Best High-Rises 2010/11 The International Highrise Award 2010, Jovis; Bilingual edition 2011

P.179 (79)平面図：ArchDaily公式HP

P.179 (80)、(81)、(82)平面図：C. Y. Lee and Partners, C.Y. Lee & Partners architects & planners/C. Y. Lee., 2103, The Image Publishing Group Pty Ltd

P.180 (85)平面図：ArchDaily公式HP

P.180 (86)平面図：A.Wood, Best Tall Buildings 2010, Routledge 2011

P.180 (88)平面図：A.Wood, Best Tall Buildings 2011, Routledge 2012

P.181 (93)平面図：One Raffles Place公式HP

P.181 (94)平面図(高層階)：ArchDaily公式HP

P.181 (94)平面図(中層階)：http://image.frompo.com/3af8cc89157588fe31deb493097ffcd7

P.182 (95)平面図：SCULPTING THE SKY PETRONAS TWIN TOWERS・KLCC, Market Intelligence 1998

P.182 (97)平面図：Hijjas Kasturi Associates公式HP

P.182 (98)平面図：designboom公式HP

P.182 (99)平面図：Calidas LANDMARK 72公式HP

P.183 (100)平面図(1階)：OpenBuildings公式HP

P.183 (100)平面図(上層階)：KHANG HY公式HP

P.183 (106)平面図：HOK公式HP

執筆分担者リスト

Ⅲ部、Ⅳ部の執筆者は、各原稿末尾に、イニシャル略記にて示した。氏名、イニシャル、現在の所属は、下記の通りである。

小林克弘	K.K.	編著者略歴参照
永田明寛	A.N.	編著者略歴参照
鳥海基樹	M.T.	編著者略歴参照
木下　央	A.K.	編著者略歴参照
鈴木隆一	R.S.	首都大学東京 大学院都市環境科学研究科建築学域 博士前期課程2013年度修了、現在、独立行政法人都市再生機構
橋口十希	T.H.	首都大学東京 大学院都市環境科学研究科建築学域 博士前期課程2013年度修了、現在、株式会社ジェイアール東日本建築設計事務所
宮脇大地	T.M.	首都大学東京 大学院都市環境科学研究科建築学域 博士前期課程2013年度修了、現在、スタジオエイト一級建築士事務所
井内良多	R.I.	首都大学東京 大学院都市環境科学研究科建築学域 博士前期課程2013年度修了、現在、大成建設株式会社
大林和磨	K.O.	首都大学東京 大学院都市環境科学研究科建築学域 博士前期課程2014年度修了、現在、株式会社スペース
水谷　慶	K.M.	首都大学東京 大学院都市環境科学研究科建築学域 博士前期課程在籍
藤本祐太	Y.F.	首都大学東京 大学院都市環境科学研究科建築学域 博士前期課程在籍
宮尾侑里	Y.M	首都大学東京 大学院都市環境科学研究科建築学域 博士前期課程在籍

調査年月

各都市の調査年月は下記の通りである。編著者、分担執筆者による写真は、これらの調査時に撮影したものである。

- ニューヨーク　2014年7月
- シカゴ・ロサンゼルス・サンフランシスコ　2014年6月
- シアトル　2014年6月
- トロント　2014年7月
- ロンドン　2014年7月、9月
- パリ　2015年3月
- フランクフルト・アム・マイン　2014年9月、2014年3月
- モスクワ　2013年8月
- ワルシャワ　2014年9月
- ドバイ・アブダビ・ドーハ　2011年12月
- 香港・深圳・広州　2012年9月
- 上海　2014年9月、2013年6月
- 北京　2013年10月、2013年8月
- 台湾　2013年11月
- 韓国　2014年3月
- シンガポール・クアラランプール　2012年10月
- ベトナム　2012年8月
- バンコク　2013年8月
- ジャカルタ　2014年8月

あとがき

　30年以上前になるが、1982〜84年の2年間のニューヨーク・コロンビア大学留学時に、私はアールデコの高層建築を研究しながら、ポストモダニズムの高層建築が街中で次々に建ち上がりつつある光景を体験した。その後も、高層建築への関心をもち続け、『スペース・デザイン・シリーズ10　高層』新日本法規（1993年）、『ニューヨーク―摩天楼都市の建築を辿る』丸善（1999年）などを著わしつつ、近年の高層建築の調査研究に集中する機会をもちたいと思っていた。そうした中で、2012年度から2年間、序でも述べた通り、編著者4名を中心としつつ、首都大学東京大学院都市環境科学研究科建築学域博士前期課程（修士課程）にて「21世紀のスカイスクレイパーとビジネス・ディストリクト」というプロジェクト研究コースを行うことになった。これは、研究分野の異なる教員が、協働して分野横断型の研究・教育を行うという首都大学東京・建築学域の独自の取り組みである。その結果、編著者である4名の教員と、コースに所属した4名の博士前期課程学生、鈴木隆一、橋口十希、宮脇大地、井内良多と集中的な調査研究を行うこととなった。一連の現地調査は、2011年12月に中東調査を行って、ブルジュ・ハリファの高さを実体験し、砂漠の中に忽然と築かれた蜃気楼のような都市に驚愕することから始まった。その後も、他の編著者および学生諸君と、世界各地での高層建築現地調査を行い、研究と本書の作成に取り組めたことは大きな喜びである。

　本書は、そうした海外の高層建築現地調査の一総括であり、これをまとめることができたのは、調査研究に際して、事前の資料収集段階から実際の調査に至るまで、献身的な努力を払ってくれた学生諸君のおかげである。本書の執筆やレイアウトの担当者は、執筆分担者リストに記されている通りである。実際の編集作業や立面図比較の作成に関しては、水谷慶、藤本祐太が甚大な時間と努力を割いてくれた。

　3年間に世界の20か国36都市において現地調査を行うことができたが、高層都市のすべてを調査できたわけではない。紙面の制約上、今年3月に行ったイスタンブール調査の成果を本書に掲載することはできなかった。また、ムンバイを始めとするインド諸都市、オセアニア地域や南米地域は未調査である。今後それらの地域の調査も継続的に行っていきたい。

　本書の出版にご尽力いただいた鹿島出版会の相川幸二氏とは、40年に近い親交があり、今回も企画上の様々なアイデアをめぐってご助言をいただき、厳しくも温かい激励を頂戴した。また、デザイナーの田中文明氏には、私たちからのレイアウトに対する様々な要望を踏まえつつ、大変美しい書籍に仕上げていただいた。深謝申し上げたい。

　こうした多くの方々の様々な努力に報いるためにも、本書が、海外の高層建築の実態と魅力を多くの読者に紹介し、日本における高層建築の健全な発展に貢献する役割を果たしてくれることを心から願ってやまない。

2015年6月　小林克弘（編著者代表）

編著者略歴

小林克弘　Katsuhiro KOBAYASHI

専門分野：建築設計、建築意匠。1955年生まれ。1977年東京大学工学部建築学科卒。1985年東京大学大学院工学系研究科建築学専攻博士課程修了、工学博士。1982-84年コロンビア大学客員研究員。東京都立大学専任講師、助教授を経て、現在、首都大学東京大学院都市環境科学研究科建築学域教授。主著に「アール・デコの摩天楼」鹿島出版会、1990年（日本建築学会奨励賞）、「スペース・デザイン・シリーズ10　高層」新日本法規、1993年、「ニューヨーク―摩天楼都市の建築を辿る」丸善、1999年、「建築構成の手法―比例・幾何学・対称・分節・深層と表層・層構成」彰国社、2000年、日本建築学会編（編集共同代表者）「建築論事典」彰国社、2008年、「世界のコンバージョン建築」鹿島出版会、2008年、「建築転生　世界のコンバージョン建築Ⅱ」鹿島出版会、2013年など。代表的建築作品に、新潟みなとトンネル立坑『入船みなとタワー』『山の下みなとタワー』（2003年）、東京都有明清掃工場（1995年）など。

永田明寛　Akihiro NAGATA

専門分野：建築環境学、熱環境シミュレーション、建築設備。1964年生まれ。1987年東京大学工学部建築学科卒。1990年東京大学大学院工学系研究科建築学専攻博士課程中退、工学博士。東京大学助手、東京都立大学専任講師、助教授を経て、現在、首都大学東京大学院都市環境科学研究科建築学域教授。日本建築学会編「スマートシティ時代のサステナブル都市・建築デザイン」彰国社、2015年、日本建築学会編「見る・使う・学ぶ環境建築」オーム社、2011年、日本建築学会編「温度荷重設計資料集」、丸善、2010、空気調和・衛生工学会編「空気調和・衛生工学便覧（第14版）1. 基礎編」空気調和・衛生工学会、2010などを分担執筆。

鳥海基樹　Motoki TORIUMI

専門分野：都市設計、都市史。1969年生まれ。2001年フランス国立社会科学高等研究院（EHESS）博士課程修了、Docteur ès études urbaines。1999-2000年、パリ市外局パリ都市計画アトリエ（APUR）研修員。東京都立大学専任講師を経て、現在、首都大学東京都市環境科学研究科建築学域准教授。単著に『オーダー・メイドの街づくり―パリの保全的刷新型「界隈プラン」』学芸出版社、2004年（財団法人日仏会館第23回渋澤・クローデル賞ルイ・ヴィトン・ジャパン特別賞）、共著に赤堀忍（編著）：『フランスの開発型都市デザイン―地方がしかけるグラン・プロジェ』彰国社、2010年、GUILLERME André et al., *Edifice & artifice – Histoires constructives*, Paris, Picard, 2010、喜多崎親（編）：『西洋近代の都市と芸術2：パリⅠ―19世紀の首都』東京：竹林舎、2014年など。2008年、日本建築学会奨励賞受賞。

木下央　Akira KINOSHITA

専門分野：建築意匠、建築史。1973年生まれ。1995年東京都立大学工学部建築学科卒。1997年東京都立大学大学院工学研究科建築学専攻修士課程修了、修士（工学）。1999-2000ブリストル大学美術史学科在学。2000年より東京都立大学工学部建築学科助手。現在、首都大学東京大学院都市環境科学研究科建築学域助教。「建築転生　世界のコンバージョン建築Ⅱ」鹿島出版会、2013年などを分担執筆。

スカイスクレイパーズ
世界の高層建築の挑戦

発行：2015年8月10日　第1刷発行

編著者：小林克弘＋永田明寛＋鳥海基樹＋木下 央
発行者：坪内文生
発行所：鹿島出版会
〒104-0028　東京都中央区八重洲2丁目5番14号
電話 03-6202-5200　振替 00160-2-180883

デザイン：田中文明
印刷・製本：壮光舎印刷

©Katsuhiro Kobayashi, Akihiro Nagata, Motoki Toriumi,
Akira Kinoshita, 2015
ISBN978-4-306-04625-2　C3052　Printed in Japan
落丁・乱丁本はお取替えいたします。
本書の無断複製（コピー）は著作権法上での例外を除き禁じられております。
また、代行業者などに依頼してスキャンやデジタル化することは、たとえ個人や家庭内の利用を目的とする場合でも著作権法違反です。

本書の内容に関するご意見・ご感想は下記までお寄せください。
URL：http://www.kajima-publishing.co.jp
E-mail：info@kajima-publishing.co.jp